이병한의 아메리카 탐문

이병한의 아메리카 탐문
피터 틸, 일론 머스크, 알렉스 카프, J.D. 밴스
이들은 미국을 어떻게 바꾸려 하는가

초판 1쇄 발행 2025년 6월 20일
초판 5쇄 발행 2025년 11월 10일

지은이	이병한
펴낸이	이영선
책임편집	김선정
편집	이일규 김선정 김문정 김종훈 이민재 이현정 조유진
디자인	김회량 위수연
독자본부	김일신 손미경 정혜영 김연수 김민수 박정래 김인환

펴낸곳 서해문집 | 출판등록 1989년 3월 16일(제406-2005-000047호)
주소 경기도 파주시 광인사길 217(파주출판도시)
전화 (031)955-7470 | 팩스 (031)955-7469
홈페이지 www.booksea.co.kr | 이메일 shmj21@hanmail.net

ⓒ 이병한, 2025
ISBN 979-11-94413-45-5 03940

이병한의 아메리카 탐문

피터 틸
일론 머스크
알렉스 카프
J.D. 밴스

이들은
미국을 어떻게
바꾸려 하는가

서해문집

머리말

　습(習)이란 좀처럼 변하지 않는다. 이번에도 이른 새벽에 글을 썼다. 3~4시에 일어나 원두커피 한 잔을 내려 마시고는 30분 정도 빙의에 들어갔다. 마인드셋, 최대한 이 책에 등장하는 인물이 되어보고자 뇌의 상태를 리셋한 것이다.
　음악이 크게 도움이 되었다. 매일 아침 새 음악을 찾아 브레인 샤워를 흠뻑 했다. 피터 틸을 쓸 때는 에픽(Epic) 뮤직을 들었다. 고독한 영웅의 서사시를 떠올리는 웅장한 오케스트라의 클라이맥스가 어울렸다. 일론 머스크는 우주 음악이다. 〈인터스텔라〉의 OST에서 출발하여 〈스타 시티즌〉 같은 SF게임의 BGM까지 통달했다. 알렉스 카프를 집필할 시기에는 만트라에 집중했다. 티베트의 목탁 소리부터 히말라야 고승들의 염불까지, 빅데이터와 화엄 세계를 잇는 불교적 상상력을 자극했다. J.D. 밴스는 단연 찬송가였다. 그레고리안 성가로 시작하여 바흐와 헨델 등 바로크 음악이 어울렸다. 에필로그를 작성할 때는 하이든의 오라토리오 〈천지창조〉를 거듭하여 들었다.

새삼 실감치 않을 수 없었다. 이 세상에는 아직도 한 번도 들어보지 못한 음악이 무수하게 많았다. 그런데 이토록이나 간편하게 찾아 들을 수 있게 된 것이다. 이제는 새벽만 되면 나의 유튜브 뮤직이 자동적으로=자연스럽게 오늘 아침에 들을 법한 새 음악을 추천해준다. 마치 새날을 지저귀는 숲속의 새소리처럼 말이다. 필시 그 AI 알고리즘이 나의 사고에도, 기분에도, 문체에도, 글의 내용과 리듬에도 알음알음 영향을 주었을 것이다. 파트너로서, 에이전트로서 함께 작업한 것이다.

하루치 목표 분량을 달성하면 하늘 아래서 달리기를 했다. '과학자의 길'을 따라 러닝을 하다 보면 가끔은 나조차도 참으로 신기하게 여겨졌다. 어쩌다 내가 이곳에 있는 것일까. AI데이터센터와 바이오랩연구소와 양자변환연구단과 신재생에너지실험실과 우주항공산업단을 스쳐 지나간다. 하나같이 현재 내가 가장 관심이 큰 분야들이다. 그리고 이 책에서 다루고 있는 인물들과도 관련성이 무척 큰 지점이다.

인류가 세 번째 물질개벽을 통과하고 있다고 여긴다. 첫 번째 물질개벽은 철기혁명과 농업혁명이었다. 인류는 기독교와 불교와 유교 등 문사철(文史哲)로써 정신개벽을 이루었다. 두 번째 물질개벽은 전기혁명과 산업혁명이었다. 인간은 법학을 근간으로 정치학과 경제학과 사회학 등 사회과학으로써 응전했다. 계몽주의와 세속주의, 자유주의와 민주주의로 또 다른 정신개벽을 이루었다. 세 번째 물질개벽은 총기(지능)혁명과 디지털 혁명이다. 아직은 이에 부합하는 정신개벽에는 도달하지 못했다. 그래서 온 세상이 이토록 요란한 것이다.

적어도 미국에서만큼은 변화가 시작된 것이라 보인다. 기존 산업문명의 공식과 상식에는 한참이나 어긋한 인물들의 발랄하고도 발칙한 역발상이 우후죽순 등장하고 있다. 내가 그들의 생각에 전적으로 동의하는 바는 아니다. 그럼에도 그들의 고투와 분투만큼은 아낌없이 성원하는 쪽이다. 관습적인 사고로 섣불리 비판하기보다는 면밀하게 경청하고 주시해보고자 애를 썼다.

건국 250주년을 목전에 둔 미국에 두 개의 태양이 떴다. 트럼프의 취임식과 레오 14세의 즉위식, 워싱턴의 대통령과 바티칸의 교황. 이 책을 쓰는 지난 여섯 달 동안 미국의 새로운 생각들에 푹 빠져서 지냈다. 그 시간은 12·3 비상계엄 선포부터 6·3 조기대선까지 한국 정치사의 격동기와도 오롯하게 포개졌다. 자연스레 미국과 한국을 곁눈으로 관찰하지 않을 수 없었다. 적어도 저들에게는 AI혁명이 촉발하는 디지털 신문명의 운영체계(OS)와 소프트웨어를 만들어내고자 하는 사람과 사상과 철학이 있다. 아직은 진행형, 비록 완성되지는 못했을망정 문제의식만큼은 분명하다고 하겠다. 새로운 시대정신을 탐구하고 탐험하고 있는 것이다. 그러나 우리에게는 여전히 새로운 담론이 부재하다. 과거사 청산과 적폐 청산에 이어 이번에는 내란 청산까지, 다시금 종식과 청산이 화두가 되고 말았다. 제대로 된 청사진이 없음을 재차 통감하지 않을 수 없었다. 1987년 이래 누습이 너무나도 오래되었다. 부디 이제는, 이제부터는 달라져야 하지 않을까.

그래도 미국에는 누군가가 있을 것이라고, 저대로 폭삭 주저앉지만은 않을 것이라며 미국을 재차 주목해보라는 그분의 말씀이 두고두고 깊은 인상을 남겼다. 새로운 나라를 세우는 데, 새로운 문명을 일구는 데, 미래가 원하는 미래를 창조하는 데 똘똘 뭉친 소수의 정예가 있을 것이라며 그들을 찾아보라 하셨다. 처음에는 반신반의했다. 과연 지금도 그러한 개척자들이 미국에 남아 있을까? 그럼에도 아침 6시, 창덕궁 위로 떠오르는 태양의 햇살을 맞으며 백발 성성한 그분과 나눈 대화들이 이 책의 씨앗이 되었다. 인생의 세 번째 스승이라고 생각한다. 태재홀딩스 조창걸 회장님께 열 번째 책을 드린다.

2025년 5월 29일 05시 20분
노벨평화상과 노벨문학상에 이어
세 번째 노벨상을 준비하는 광주과학기술원(GIST)에서

차례

머리말 · 4

프롤로그 · 10

정치전쟁: 문화대혁명 | 문화전쟁: 위정척사 | 패권전쟁: 테크노-유신

01 피터 틸

거대한 체스판: 마스터와 파운더 · 33

2016 미들게임 | 2007 오프닝 | 2020 엔딩게임

다시 만난 세계: 뉴 다크 에이지 · 58

창간: 뉴 스탠퍼드 | 창건: 뉴 실리콘밸리 | 창세: 뉴-아메리카

02 일론 머스크

슈퍼노바: 인터스텔라와 스타워즈 · 87

X-MEN: 지평선 너머 | X-FILE: 중력 너머 | X-BOX: 인간 너머

넥스트 레벨: 프로그램과 패러다임 · 115

넥스트 미디어: X | 넥스트 파워: DOGE

03 알렉스 카프

천상천하 유아독존: 마이너리티 리포트 • **141**
아웃도어: 물아일체 | 아웃사이더: 군계일학 | 아웃라이어: 보국안민

넥스트 네이처 네트워크: 사사천 물물천 • **167**
스타크래프트: 무소불위 | 스테이트 크래프트: 무위이화 |
마인크래프트: 무위도식 | 소울(Soul)크래프트: 원시반본

04 J.D. 밴스

돌아온 탕자: 테크놀로지와 시올로지(Theology) • **201**
회심: 수신제가 | 회고: 금의환향 | 회개: 지상천국

디지털 로마제국: 메가-웨스트와 메타-웨스트 • **223**
탈세속주의 | 탈자유주의 | 탈계몽주의

에필로그 • 248
대반전: New Cold War? | 대분열: New Civil War? |
대부흥: New Holy War? | 뉴-코리아와 뉴-시베리아

그 라 운 드

정치전쟁: 문화대혁명

Trump is Back. 트럼프가 돌아왔다. 2016년에는 겨우겨우 이겼다. 2020년에는 아슬아슬 패했다. 하지만 2024년 이번에는 압도적으로 승리했다. 백악관 탈환은 물론, 상원과 하원까지 모두 석권하며 조야(朝野)를 완전히 평정한 것이다. 신승과 석패에서 압승으로, 삼세판을 종결지으며 트럼프는 미국의 12년을 지배하는 시대정신이 되었다. Make America Great Again(미국을 다시 위대하게), 'MAGA'의 복음이 온 누리에 드높게 울려 퍼진다.

미국인들의 절망과 좌절이 간절하고 간곡하게 복음을 구했다. 수십 년 고삐 풀린 세계화와 탈산업화의 직격탄을 맞은 것이다.

학력과 지역 간 격차는 나날이 확대되었고, 미래 세대가 부모 세대보다 잘살 수 있다는 희망도 사라져버렸다. 계급사회를 넘어 '봉건사회'로 전락했다는 자조마저 만연했다. 자살과 마약 중독과 과음에 의한 간질환 등 '절망사'가 전염병처럼 번져갔다. 고졸 백인 노동자의 사망률마저 올라가는, '선진국'에서는 좀처럼 보기 힘든 퇴행마저 일어났다. 아메리칸 드림이 꿈같은 소리가 된 것이다. 미국이 더 이상 그토록 아름답던 나라, 미국(美國)이 아니게 되었다.

21세기의 미국이 '실패 국가'가 된 것은 워싱턴을 장악한 공화당과 민주당, 양당이 공모한 결과다. 네오콘의 보수도, 네오리버럴의 진보도 내부보다는 외부에 더 가까웠다. 세계를 종횡무진하는 글로벌 엘리트가 본토의 풀뿌리와 토박이들을 착취한다. 기업의 경영자들은 공장을 중국과 아시아로 이전해 천문학적인 이익을 거두었고, 국가의 경영자들은 이라크에서 아프가니스탄에서 끝없는 전쟁에 세금을 퍼부었다. 그 대가를 오롯이 내륙에 살고 있는 평범한 백인들이 감내해왔던 것이다. 월스트리트의 경제 엘리트와 워싱턴의 정치 엘리트라면 지긋지긋 넌덜머리를 내었다. 어차피 파워 엘리트가 지배하는 빌어먹을 세상, 자신들의 목소리는 정치에 도통 반영되지 않았다. 딥스테이트(Deep State), 이 나라의 실제 권력은 보이지 않는 곳에 숨겨져 있다는 음침한 음모론이 모락모락 피어났다.

바로 그때 그가 임재하신 것이다. 그는 동부와 서부의 대도시에 살아가고 있는 중산층 교양 계급처럼 고상하고 세련되게 말하지 않는다. 거칠고 투박하며 직설적이다. 자신들과 그리 다르지 않은 종족이다. 비록 수많은 사법 리스크가 있고, 도덕적 흠결과 인격적 결함도 있는 인물이지만, 그간의 정치 엘리트들과 달리 위선적이지는 않았다. 그 친근하고 유명한 셀럽이 아메리카 퍼스트(America First)를 외치며 기성의 기득권을 정확하게 비난해준 것이다. 정당과 언론과 대학 등 현재의 모든 정치·경제·문화적 문제들을 야기한 미국의 주류 세력을 세차고 대차게 때려주자 도파민이 폭발하며 카타르시스를 느꼈다.

그랬던 그가 평생토록 정치를 하고 있는 정치계급의 화신, 바이든에 도저히 질 리가 없었다. 선거는 다시 한번 조작된 것이다. 부정선거이자 국정농단이다. 딥스테이트와 파워 엘리트가 개입한 거대한 페이크다. 2021년 1월 6일, 강경한 지지자들은 지도자의 지침에 따라 내란을 일으켰다. 연방의회를 점거하여 전 세계를 아연실색 경악케 하였다. 그러나 팩트와 페이크의 경계는 갈수록 흐릿해지고 있다. 사실이 아니더라도 다수가 믿으면 '대안적인 진실'이 된다. 포스트-트루스(Post-Truth), 디지털 시대의 신민주주의다. 구독과 좋아요, 조회수와 리트윗이 관건이다. 응당 정치 또한 달라져야만 한다. 모름지기 정치인이라면 팩트와 페이크 너머 판타지를 제공해야 한다. 리더라면 국민에게 미래의 꿈을 선사해주어야 한다. 그분이야말로 미국인들에게 다시 아메리칸 드림을 꿈꾸게 해주셨다. FIGHT! FIGHT! FIGHT! 귓가에 총알이 스쳐도, 피를 흘려도, 두 주먹을 불끈 쥐고 승리를 다짐하는 불굴의 지도자에게 더욱 열광하게 되었다. 그렇게 아웃사이더 트럼프는 새천년 신민주의 아이콘이자 밈으로 승화하셨다.

2025년 1월 20일, 불사조 트럼프의 재림과 함께 의사당을 점거했던 모든 이들도 죄를 사하노라, 사면을 받았다. 조반유리(造反有理), 모든 반란에는 나름대로 정당한 이유가 있는 것이다. "중앙이 옳지 않은 일을 하고 있다면 지방이 조반해서 중앙으로 진공해야 한다. 각지에서 수많은 손오공을 보내어 천궁을 소란하게 해야 한다." 반세기 전 마오쩌둥이 홍위병에게 지시했던 어록이 아메리카에서 현실로 재연되었다. 미국판 문화대혁명이 승리한 것이다. 농촌이 도시를 포위했다. 변방이 중앙을 장악했다. 내륙의 지방이 동해와 서해의 대도시를 이겼다. 대륙의 심장부가 해양의 껍데기를 몰아내었다. 기득권 사법 카르텔의 법치주의를 누르고, 보통사람들의 다수결 민주주의가 승리하였다. 업사이드 다운, 민중이 엘리트를 압도한 것이다. 흑백의 계급전쟁에서 땀냄새 폴폴 풍기는 아랫사람들이 고상한 척하는 먹물들을 전복시켰다. 시민이 아니라 인민이 승리하였다. 자유민주주의가 아니라 인민민주주의가, 민중

민주가, PD(프롤레타리아 데모크라시)가 불현듯 미국에서 구현된 것이다.

즉 트럼프가 개조한 공화당은 더 이상 과거의 엘리트 연합 시민정당이 아니다. 세계에서 가장 급진적으로 반세계화를 부르짖는 인민정당이다. 그 인민정당이 낡아빠진 기성 정당을 죄다 무찌르고, 늙어버린 레거시 미디어의 편파방송과 여론조작을 무릅쓰고 마침내 새로운 미국, 인민공화국을 이루어낸 것이다. 인민의, 인민에 의한, 인민을 위한(Of the People, By the People, For the People)! 이로써 미국은 더 이상 저 멀리 대서양 건너 서구형 시민민주국가가 아니다. 가까운 파나마 운하 주변 중남미형 인민민주국가, 바나나 공화국에 방불하다. 제멋대로 멕시코만(Gulf of Mexico)을 아메리카만(Gulf of America)으로 고쳐 부르는 작태를 부려도 하등 어색할 것이 없는 나라가 된 것이다.

문화전쟁: 위정척사

인민만이 아니었다. 지식인도 거들었다. 인민들이 계급전쟁을 수행했다면, 민중의 전위인 지식인들은 문화전쟁에 앞장섰다. 개인주의와 자유주의, 다문화주의와 PC(정치적 올바름)주의를 집중적으로 타격했다. 꼿꼿하고 꼬장꼬장한 선비정신으로, 내로남불

리버럴과 깨어 있는 좌파(Woke Left)들을 타도하는 위정척사(衛正斥邪) 운동에 나선 것이다.

MAGA 복음 제1장은 '민족주의'다. 글로벌리즘을 척결하고 내셔널리즘을 내세운다. 2016년 2월 돌연 등장하여 125편의 짧은 글을 올리고 6월 하순에 홀연히 사라진 온라인 저널이 하나 있었다. 〈저널 오브 아메리칸 그레이트니스〉(Journal of American Greatness), 일명 'JAG'다. 모든 글에는 라틴어 필명을 사용하였는데, 트럼프 현상에 대하여 사상적인 의미를 부여해주었다. 당시는 네오콘 등 공화당의 보수파 지식인들도 트럼프를 멀리할 때다. 리버럴 미디어들이 반지성주의나 포퓰리즘으로 트럼프를 난타하던 무렵이다. 그때 일군의 지식인들이 게릴라처럼 등장하여 사상투쟁에 나선 것이다. 아무말 대잔치, 중구난방 갈피를 잡기 어려운 트럼프의 비전을 세 가지로 간명하게 요약해주었다. 국경을 강화한다. 자국의 산업을 보호한다. 외교도 미국이 우선이다. 자유주의 패권국가 노릇을 하느라 골병이 들어가는 이 나라를 되살려 위대한 미국을 재건하자는 것이다. 즉 트럼피즘의 핵심은 '세계 시민의 자유'가 아니라 '미국 인민의 안전'이다. 강성대국의 주권과 주체가 요체다. 트럼프는 미국판 NL, 민족해방의 수령이 되셨다.

MAGA 복음 제2장은 '반자유주의'다. 민주당이 주도하는 '정체성 정치'가 공동체를 위험에 빠뜨리고 있다. 탈냉전으로 이념적

대결이 사라진 공간에 좌파들은 진보적 라이프 스타일을 소개했다. 환경보호, 젠더 감수성, 인종 간 평등, LGBTQ(성 소수자)의 권리 등에 대한 의식이 높아졌다. 동성혼과 성전환 권리와 이민자 권리 등 마이너리티의 위세가 드세졌다. DEI(다양성, 형평성, 포용성) 정책으로 종교와 문화에서 관용도가 올라가면서 자유와 인권의 폭이 크게 신장되었다. 이러한 진보적 가치관의 대약진에 고령층, 특히 이제까지 문화적 다수파로서 특권을 향유하던 신앙심 두터운 백인들은 커다란 위협을 느꼈다. 전통적 가치관을 '정치적으로 올바르지 못하다'고 부정당한 것이다. 어느새 자신의 모국에서 살고 있는 것 같지 않은 낯선 감정마저 싹터 올랐다. 이게 나라냐? 이것이 미국이냐? 토착적인 것의 대반격이 시작된 것이다. 가정에서는 가장과 부모의 권리를 옹호하고, 학교에서는 교사의 역할을 강조하는 전통적 가치를 옹립했다. 그래야 진보의 진군으로 무너진 가족을 복원하고, 무질서한 교실을 복구할 수 있다. 사회질서의 재정립을 역설하는 트럼프의 등장으로 문화적 반동이 가능해진 것이다. 자유주의 기치 아래 승승장구하던 엘리트와 마이너리티는 반국가 세력으로 표적이 되었다. 비정상을 정상화해야 했다.

    MAGA 복음 제3장은 다문화주의를 겨냥한다. 탈냉전기에 다문화주의는 경제적 세계화를 지탱하는 주류 세력의 문화전략이었다. 냉전에서 승리하여 압도적 패권국이 된 미국을 진정한 다인종 민주주의 제국으로 건설코자 한 것이다. 다종교, 다민족, 다문화를 품는 세계제국으로 진화하고자 했다. 그 시대정신의 상징이 바로 검은 피부의 오바마였다. 아프리카와 아시아(인도네시아)에 뿌리를 둔 흑인 소수자이며, 이름마저 어쩐지 이슬람 냄새가 슬쩍 풍기는 '버락 후세인 오바마'였다. 그러한 코스모폴리탄 마이너리티가 대통령이 될 수 있는 나라가 미국의 이상이었던 것이다. 그러나 역설적으로 오바마 정권 8년은 탈인종 시대가 아니라 가장 인종화된 시기로 변질된다. '오바마는 미국인이 아니다'라는 가짜뉴스가 알고리즘을 타고 퍼져나가며 백인들의 공포를 극도로 자극해갔다. 오바마가 역설했던 만인들의 "약속의 땅"에 트럼프는 우리가 남이가, "America First"로 맞불을 놓은 것이다. 이질적인 것의 융합이 아니라, 본질적인 것의 수호를 앞세웠다. 어디까지나 미국의 근간은 백인이며, 미국의 근본은 기독교다. 다시 법과 질서를 바로 세우고 미국적인 것, 미국다움을 회복해야 한다. 남부 국경에는 만리장성을 높이 세우고, 오랑캐 불법 이민자들은 몽땅 추방하여 미국을 미국답게, 나라를 나라답게 만들자는 것이다.

즉 어느덧 미국 정치의 핵심은 '미국은 무엇인가'라는 근본적인 정체성 다툼이 되었다. 그래서 MAGA 복음의 신도들만큼이나 그 반대편도 절실하고 간절하다. 2019년 바이든의 대선 출마 선언부터가 그러했다. 트럼프가 연임하여 백악관에서 8년을 지내게 된다면 우리가 누구인지를 영원히 바꿔버릴 것이라고, 격정적으로 걱정했다. 민주주의의 수호자라는 미국의 핵심 가치, 자유주의의 이상향이라는 미국의 정체성 등 그간 이 나라를 만들어온 보편적인 이념들이 경각에 달려 있다고 염려했다. 2020년 10월 6일, 바이든이 펜실베이니아주 게티즈버그에서 행한 연설이 가장 인상적이다. 남북전쟁기와 현재의 유사성을 상기시킨 것이다. 바이든은 링컨이 대표하는 자유주의 미국의 신조와 통합의 메시지를 간곡하게 발신했다. 그래서 트럼프를 누르고 백악관에 입성한 바이든이 'America is Back'을 강조하며 안도했던 것이고, 4년 후 해리스를 이긴 트럼프가 재차 'America is Back'을 내세우며 응전했던 것이다.

무엇이 진짜 미국인가? 양 진영이 말하는 미국이 이토록 멀어진 적은 없었다. 미국의 기원, 18세기의 건국사 논쟁까지 거슬러 올라가 양보와 타협 없는 정치적 내전이 일상화된 것이다. 이제 워싱턴의 정치는 정당 간 조율과 협상이라는 자유민주주의의 기본 틀을 벗어나게 되었다. 전심전력으로 피아(彼我)를 식별하고, 적군과 아군이, 선과 악이 다투는 영혼을 둘러싼 투쟁이 된 것이다.

그 유사 종교전쟁, 미국 내부의 '문명의 충돌'에서 MAGA 복음이 끝내 완승한 것이다. 세계주의, 자유주의, 개인주의, 다문화주의, 보편주의가 완패한 것이다. 트럼프는 힐러리와 바이든과 해리스 등 자유주의의 챔피언들을 연달아 모두 녹아웃시키며 뉴-아메리카의 최종 승리를 확증한 것이다. 바야흐로 미국도 비자유주의 국가(Illiberal Democracy)의 일원이 된 것이다.

실은 그것이 이미 21세기의 대세, 메가트렌드였다. 시발은 러시아다. 1999년 12월 31일 대통령이 된 40대 정치인 푸틴은 21세기 사반세기의 표상이 되었다. 동방정교회에 기초한 강대한 러시아의 재건을 표방하며 신유라시아주의를 국시로 삼았다. 후발은 터키였다. 에르도안은 2003년부터 총리와 대통령을 번갈아 20년 넘게 지배하며 신오스만주의를 국정지침으로 삼았다. 이 이슬람 재건의 물결은 인도네시아로, 아프가니스탄으로, 사우디아라비아로, 우즈베키스탄으로, 에티오피아로 사방팔방 이슬람 세계에 지대한 영향을 미쳤다. 그다음이 중국이다. 2012년 시진핑의 등장으로 공산당 국가는 공자당 국가로 변모해갔다. 일대일로를 통해 새로운 천하질서를 주조하고 중화문명의 위대한 부흥을 내세우며 장기 집권의 초석을 다진 것이다. 마지막이 인도다. 힌두 문명 재건, 힌두뜨와를 내세우는 모디 총리가 2014년부터 정권을 거듭 재창출하고 있다. 중국을 앞질러 세계 최대의 인구대국이 되었고, 경제 규모에서도 식민모국 영국을 앞지른 지 오래다. 이제 누구도 영국의 총리를 제대로 기억하지 못하지만 인도의 총리는 필히 외워야 하는 뉴노멀의 신시대다.

그 새 시대의 새 물결이 마침내 미국에까지 당도한 것이다.

모더니즘의 수도이자 자유주의의 보루이며 민주주의의 본진인 미국마저 새천년의 시대정신에 합류한 것이다. 중화중흥과 힌두뜨와와 신오스만주의와 신유라시아주의의 미국판 신조어가 바로 MAGA, 'Make America Great Again'이었던 것이다. 트럼프가 역설하는 MAGA 복음의 3대 강령을 러시아어로 번역하면 몹시도 흥미롭다. 반자유주의에 입각해 도덕적 보수와 주권주의를 내세우는 푸틴의 이데올로기와 거의 일치하기 때문이다. 즉 미국 정계에서 돌출적인 스트롱맨 트럼프는 공화당과 민주당의 전임 대통령들보다는 푸틴과 에르도안, 시진핑과 모디에 훨씬 더 가까운 인물이다. 진정 구시대의 막내가 아닌 새 시대의 맏형, 뉴-아메리카의 창업군주다.

패권전쟁: 테크노-유신

여기까지만이었다면 새로이 이 책을 쓰지는 않았을 것이다. 트럼피즘이 미국의 계급혁명과 민족혁명의 결합, NL과 PD의 합작이라는 것은 10년 전에도 알고 있던 바다. 그러나 트럼프 1기는 별다른 성과를 거두지 못했다. 빈 수레가 요란하고 소란스러웠을 뿐이다. 더군다나 4년 만에 딥스테이트의 정수인 바이든으로 정권이 교체되었다. 시큰둥하게 팔짱을 끼고 그러면 그렇지, 끌끌끌 혀를

찼다. 내가 캘리포니아에서 살던 2011년부터 2013년을 거치며 미국은 참으로 변화하기 힘든 나라임을 절감했기 때문이다. 2011년 그 유명한 '월스트리트를 점령하라'(Occupy Wall Street) 운동이 일어난다. 나도 동참했다. LA 시내의 뱅크오브아메리카를 점령했을 때의 쾌감이 지금껏 생생하다. 하지만 마치 아무런 일도 없었던 것처럼, 아무것도 바뀌지 않았다. '체인지'를 이야기하던 오바마 시절이었음에도 그러했다. 그는 세계 금융위기를 일으킨 미국의 신자유주의 체제를 전혀 개혁하지 못했다. 오히려 대마불사, 사태의 원흉인 월가의 금융 대기업들을 구제해주고, 부패한 체제에 산소호흡기를 달아주었다. 그럼에도 그 화려한 언사로 대중을 현혹하며 재선에 성공하는 모습을 현장에서 씁쓸하게 지켜보았던 것이다.

그렇게 99% 운동은 아무런 성과도 거두지 못한 채 지리멸렬 소멸해갔다. 과연 그 후 미국은 바이든과 트럼프 등 여든을 바라보는 노인들이 과거를 향수하는 경쟁에 몰두하는 늙은 나라처럼 보였다. 그런데 그게 다가 아니었다. 2024년 트럼프의 압도적인 승리 이후로 돌아가는 판이 영 심상치가 않았다. 트럼프 1기는 여전히 공화당 주류파에 둘러싸여 있었다. 부통령 마이크 펜스, 국방장관 제임스 매티스, 국가안보보좌관 존 볼턴, 국무장관 마이크 폼페이오 등 공화당 실세들이 이단아를 꽁꽁 봉쇄하고 있었다. 반면에 트럼프 2기는 완전히 달라졌다. 세력 교체가 완연하고 세대 교체가 확연하다. 더군다나 이 새로운 세력은 기존의 고인 물, 워싱턴의 정치인과 관료들이 아니었다. 싱싱한 젊은 피, 실리콘밸리의 테크노 세력이었다. 그들이 일사천리로 일사불란하게 워싱턴 권력을 접수해갔다.

취임식 장면이 상징적이다. 지난 30년을 지배한 쌍적폐들, 민주당의 클린턴 부부와 오바마-바이든-해리스, 공화당의 부시 왕조를 앞에다 두고 뉴-아메리카의 도래를 선포했다. 기왕의 정치 엘리트들은 모두 뒷자리로 물렸다. 전진 배치시킨 것이 테크기업의 CEO들이다. 메타(META), 애플(APPLE), 구글(GOOGLE), 아마존(AMAZON)의 머리글자를 딴 새로운 MAGA 2.0을 연출한 것이다. 그 정점에 정부효율부(DOGE, Department of Government Efficiency)의 수장을 맡은 일론 머스크가 있었다. 암호화폐와 인공지능 부서를 이끌 데이비드 삭스에게는 '차르'라는 호칭마저 부여되었다. 마침내 미국의 적폐를 청산하고 재조산하(再造山河)를 완수할 주역들이 전면에 등장한 것이다.

고로 이것은 일종의 소프트 쿠데타다. 비유컨대 테크노 쿠데타다. 과연 혁명은 변방에서 출발한다. 에도 막부를 타도한 메이지 유신은 네덜란드와 연결된 난학의 거점 규슈와 조슈번·사쓰마번에서 비롯하였다. 신해혁명은 세계 무역과 연동된 광둥에서 시작되어 대청제국을 와해시켰다. MAGA 2.0, 미국의 디지털 유신체제는 아시아-태평양과 맞닿은 캘리포니아에서 발기한다. 그 디지털 영주들이 산업문명의 정점인 미국을 디지털 문명의 첨단국가로 진화시키려고 한다. 그렇다면 이 사태는 단순히 정권 교체에 그치는 것이 아니다. 메이지 유신에 못지않은 레짐 체인지요, 신해혁명에 버금가는 패러다임 시프트다. 즉 트럼프 2.0은 트럼프 2기가 아니다. 아메리카 2.0, 뉴-아메리카의 태동이다.

테크노 쿠데타의 동기가 무엇인가? 국가 비상사태다. 일백 년 만에 처음으로 패권을 상실할 수 있다는 절실함과 절박함이다. 다시금 지리와 장소가 관건이다. 구체제의 보루 워싱턴과 뉴욕은 대서양에 면한다. 자중지란에 침몰하고 있는 늙은 유럽을 마주하고 있다. 반면 실리콘밸리는 태평양을 접한다. 태평양을 반으로 접으면 샌프란시스코와 포개지는 도시가 바로 베이징이다. 전속력으로 테크노-차이나를 완성해가고 있는 중국과 부상하고 있는 젊은 아시아를 지켜보고 있다.

마침 올해가 2025년이다. 10년 전 중국 정부가 발표한 '중국 제조 2025'가 완료되는 해다. 인공지능, 로봇, 전기차, 신재생에너지, 양자컴퓨터, 우주기술 등 미래산업에 대한 10개년 계획을 세웠던 것이다. 2025년에 독일과 일본을 능가하고 2035년에는 미국도 앞질러서 2049년 건국 100주년에는 재차 세계 1위 국가가 되겠다는 중국공산당의 장기계획의 일환이었다. 그런데 본디 계획보다 속도가 더 붙어서 목표를 초과 달성했다. 코로나 팬데믹은 디지털 트랜스포메이션을 강제하였고, 미국의 기술전쟁 발동과 반도체 칩 통제는 중국 내부의 혁신을 촉발하여 자립도를 더욱 높이는 결과를 낳았다. 와신상담, 자력갱생에 성공한 것이다.

본디 중국공산당은 지구전의 명수다. 압도적인 실력의 국민당을 대만으로 몰아냈고, 일본의 군국주의도 물리쳤으며, 소련의 압력에도 물러서지 않았다. "적이 공격해 오면 싸움을 피하며 힘을 빼는 전략적 방어에 주력하라. 힘의 균형이 이루어지면 전략적 대치로 전환하라. 모든 조건을 아군에게 유리하게 바꾼 연후에야 전략적 반격에 나서라"라고 했던 마오쩌둥의 방침이 지속되고 있는 것이다. 그 10년의 절치부심이 성과를 내고 있다. 태양광은 세계를 제패했다. 드론도 DJI 등 중국산이 압도한다. 전기차 기업 BYD는 테슬라를 앞질렀다. 테슬라의 옵티머스 로봇보다 중국의 유니트리 로봇이 더 화려하게 움직인다. 연초 라스베이거스에서 열린 세계 최대의 IT·가전 박람회 'CES 2025'도 중국 기업이 3분의 1을 차지했다.

그리고 화룡점정, 트럼프의 취임에 맞춤하여 축포처럼 딥시크(DeepSeek, 深度求索)가 출격했다. 골리앗 미국의 빅테크에 중국의 스타트업 딥시크가 강력한 어퍼컷을 날린 것이다. AI 경쟁에서도 중국이 미국에 못지않음을 만천하에 과시한 것이다. 2025년 CES

의 화두가 '물리(Physical) AI'였다는 점을 고려하면 상황은 더욱 심각해진다. 지난 2년간 대규모 언어모델(LLM)에 기초한 생성형 AI 경쟁은 미국이 앞서가는 것처럼 보였다. 그러나 LLM은 어디까지나 텍스트만 학습할 뿐이다. 오감으로 세상을 경험하는 '물리 AI'는 또 다른 차원이다. 시각, 청각, 촉각 등 전 감각이 동원되어 세계를 실감하고 인지한다. 말의 세계에서 사물의 세계로 이행하는 것이다. 이 피지컬 AI의 매개체가 될 자율차와 로봇과 드론 등에서 중국이 초가속으로 질주하고 있다. 이 인공물들에 딥시크의 인공지능이 장착되면 딥쇼크가 일어나지 않을 수 없다. 미국 빅테크의 봉건적 독점체제를 붕괴시키는 오픈소스 AI의 민주화 혁명이 중국의 기술 생태계를 통해 구현되는 것이다. 특이점을 향한 AGI(일반인공지능) 경쟁에서도 중국의 하방 전략이 미국의 스타게이트 프로젝트를 추월하는, 아편전쟁 이후 세계사의 가장 중차대한 분수령이 될 수 있다. 정녕 '딥시크 모멘트', 언더독의 역대급 업셋에 미국 또한 비상계엄을 선포하지 않을 수 없었다.

사즉생, 생즉사(死卽生 生卽死). 살고자 하면 죽을 것이요, 죽고자 하면 살 것이라. 죽기살기로 미국을 개조하지 않을 수 없게 된 것이다. 디지털 총력전 체제를 갖추고 대약진 운동을 일으켜야 한다. 그 대오각성 끝에 탄생한 조직이 바로 디지털 총독부, DOGE(정부효율부)다. 일론 머스크는 상하이의 기가팩토리를 비롯하여 중국에서 오래 사업을 해온 사람이다. 누구보다 '중국 제조 2025'의 진척을 피부로 느끼며 관찰해왔을 것이다. 미국이 4년마다 정권과 정책이 바뀌며 변죽을 울리고 있을 때, 중국은 변함없이 일관되게 디지털 대장정을 수행해갔다. DOGE가 언뜻 중국의 국가발전개혁위원회로도 보이는 까닭이다. 순전히 억측만은 아닐 것이다. 그가 트위터를 인수하여 개편한 X가 롤모델로 삼은 것도 중국의 슈퍼앱 위챗(WeChat)이었기 때문이다. 반세기 전 중국이 미국을 모방하며 '사회주의 시장경제'를 만들었다면, 이제는 미국이 중국을 모델로 삼아 '자본주의 계획경제'를 실험하려고 한다. 즉 테크노-유신은 미국판 흑묘백묘론, 뉴-아메리카의 개혁개방이라고 할 만하다.

그렇다면 누가 이 새 판을 짠 것인가? 트럼프는 아니다. 부동산 사업으로 부를 일구고 미디어에 노출되어 유명세를 얻은 그는 대중을 만족시키는 퍼포먼스 실력은 있지만, 미국을 개조할 수 있는 프로그램을 코딩할 역량은 없다. 그저 무대 위의 광대, 플레이어일 뿐이다. 얼굴마담이고 간판이다. 장기판의 말인 것이다. 물론 킹이기는 하다. 그러나 이번에는 불과 4년짜리 왕이다. 중요한 것은 제왕의 책사, 킹 메이커를 찾는 것이다. 누가 설계한 것인가? 워싱턴 언저리의 정치 컨설턴트일 리가 없다. 선거에 이기는 것이 아니라 혁명을 모의하는 것이기 때문이다. 노회한 모략꾼의 작업이 아니라 치밀한 전략가의 작전이다. 꿈에서까지 그들을 추론하고 추적하며 뉴-아메리칸 드림에 스며들어갔다.

　이 흥미진진한 탐문의 바닥에서 서서히 부상하는 네 명의 인물이 있었다. 이들은 4년을 준비해온 것이 아니었다. 사반세기를 기다렸다. 하여 4년 후에 물러날 트럼프가 아니라 이 4인방을 주목해야 한다. 그들이야말로 미국의 다음 40~50년, 2076년의 건국 300주년을 디자인하고 있기 때문이다. 그 네 명의 면면은 다음과 같다. 페이팔 마피아의 대부 피터 틸이 첫 번째요, 스페이스X와 X 코퍼레이션과 x.AI의 일론 머스크가 두 번째다. 팔란티어 테크놀로지스의 알렉스 카프가 세 번째라면, 부통령이 된 1984년생 J.D. 밴스가 그 마지막이다. 이제야 《힐빌리의 노래》(Hillbilly Elegy)의 저자인 밴스가 부통령 후보에 지명되었던 저간의 사정도 선연하게 드러났다. 우리는 이 4인조에 대하여, 디지털 유신을 작당모의한 이 테크노-하나회에 대하여 딥러닝과 딥시크, 깊이 학습하고 깊숙하게 탐구해야 한다. 그제야 비로소 MAGA 2.0, 뉴-아메리카의 행로를 짐작해볼 수 있을 것이다.

　언뜻 떠오르고 있는 뉴-아메리카는 무척이나 기괴하다. 우리가 알고 있던 자유민주공화국, 올드 아메리카와는 확연하게 다르다. 더 이상 자유주의 국제질서를 제공하지도 않고, 민주주의 혁명을 수출하지도 않는다. 마치 일백 년 전 공산주의 세계혁명을 포기하고 일국사회주의로 후퇴한 스탈린처럼, 트럼프는 오직 미국만을 강철 같은 디지털 제국으로 변모시키는 데 전력투구한다. 그 방편으로 푸틴의 신전통주의 이념에 시진핑의 디지털 신체제를 접합시키고자 함은 더욱더 그로테스크하다. 러시아의 이데올로기와 중국의 시스템을 미국의 용광로(Melting Pot) 안에 녹여내려는 것이다.

이 예측 불가한 키메라를 막후에서 은밀하게 주조할 수 있는 인물은 단 한 명뿐이다. 범인(凡人)은 감히 생각할 수 없는 것을 대범하게 생각하고, 비범하게 실행할 수 있는 특출난 인물이다. 돌아보면 그가 일생 동안 해왔던 모든 일이 미국의 개조로 수렴되었다. 그만의 유니크한 방식으로, 평생토록 정치혁명을 준비해온 것이다. 그 창조적 역발상의 투자자, 피터 틸부터 파헤쳐본다.

피터 틸
Peter Thiel

1967년생. 실리콘밸리에서 틸은 밤의 대통령, 그림자 대통령으로 통했다. 틸의 목표는 분명했다. 워싱턴의 딥스테이트, 행정국가를 파괴하는 것이다. 선출되지 않은 수십만 공무원이 이 비대하고 무능한 연방기구에 똬리를 틀고 앉아 세금을 축내고 있었다. 이제 1998년 페이팔 창업 때부터 꿈꾸어오던, 관료제 국가의 전면적인 대수술을 가차없이 집도할 수 있는 칼자루를 쥐게 된 것이다.

거대한 체스판: 마스터와 파운더

2016 미들게임

Flash Back. 시계 태엽을 되돌려 2016년으로 돌아가볼 필요가 있다. 9년 전 11월의 그날 밤, 미국과 전 세계를 놀라게 했던 바로 그날 말이다. 리얼리티 TV쇼의 광대가 정말로 세계 최강국의 왕좌를 차지했다. 설마 설마 했지만 리얼리 현실이 된 것이다. 그 초현실적인 결과에 충격과 공포로 입이 다물어지지 않는 사람이 많았다. 대체 미국에서 무슨 일이 일어나고 있는 것인가? 도대체 민주주의는 어떻게 되어가는 것인가? 미국 전역 중에서도 유독 침통한 지역이 한 곳 있었다. 민주당의 아성인 캘리포니아하고도, 혁신의 허브라고 할 수 있는 실리콘밸리다. 밤안개처럼 무거운 침묵

이 팰로앨토와 샌프란시스코를 자욱하게 감싸 안았다.

피터 틸도 그곳에 있었다. 그는 뉴질랜드와 일본 등 세계 곳곳에 저택을 보유하고 있다. 미국에는 LA와 뉴욕, 마이애미에도 집이 있다. 하지만 그날 밤은 그의 본거지인 프리시디오에 머물렀다. 금문교와 샌프란시스코만이 내려다보이는 언덕에 자리한다. 틸의 집은 책으로 정의될 수 있는 곳이다. 탁자마다 다양한 높이로 다방면의 책이 가지런히 쌓여 있다. 역사와 정치 방면으로는 양장의 고서도 적지 않다. 그리고 손길 닿는 곳곳마다 체스에 대한 책도 널려 있다. 그의 체스 사랑은 원체 유명하다. 어릴 때부터 발군의 실력을 자랑하며 오늘날까지도 손에서 놓지 않는다. 넓은 저택 이곳저곳을 옮겨 다니며 시시때때로 체스 교본을 펼쳐놓고, 역대급 명승부 경기를 찬찬히 복기하는 것이다. 즉 전략 시뮬레이션과 전술 게임은 그의 취미이자 일상이고 또 일생이다. 그날 밤이 바로 피터 틸의 일생일대의 승부가 판가름 나는 순간이었다.

종종 집에서 파티를 연다. 카페나 레스토랑 같은 공개적인 장소를 꺼리는 편이다. 본인의 근거지에서 내밀하게 사람들을 만나는 쪽을 즐긴다. 각진 턱선과 뚜렷한 이목구비만큼이나 대화 또한 딱딱하고 직설적이다. 단도직입 본론으로 들어가 딱딱 떨어지는 논리정연한 대화를 선호한다. 칵테일 파티라고 해서 담소를 나누는 것도 아니다. 날씨나 휴가 같은 주제로 수다 떠는 것은 질색이다. 아니, 그런 자리를 몹시 불편해한다. 이 사람 저 사람 네트워킹을 하기보다는 가장 명석한 사람을 찾아가서 진지하게 토론한다. 물론 그도 일상에 대한 가벼운 대화를 나눌 수는 있을 것이다. 다만 왜 낯선 사람들과 번갈아 잡담을 하면서 10분씩이나 낭비해야 하는지 이해하지 못할 뿐이다. 대신 흥미로운 주제를 이야기할 때면 사람을 휘어잡는 매력을 발산한다. 그중에서도 가장 좋아하는 주제가 정치다. 이 세상이 어디로 가고 있는가? 이 세상을 어떻게 바꿀 것인가? 안광을 뿜어내며 열정적으로 말을 쏟아낸다. 그의 평생 화두가 실은 기술이나 기업이나 투자가 아니라, 정치인 것이다. 기술도 기업도 투자도 어디까지나 궁극의 목적, 정치를 위한 수단이다.

그날 밤 파티에는 사람이 그리 많지 않았다. 실리콘밸리에서 트럼프의 당선을 바라는 이는 극히 드물었기 때문이다. 충신이라 할 수 있는 소수정예가 그의 집으로 집결했다. 커다란 TV 스크린으로 CNN 방송을 시청했다. 틸은 평소와 달리 가장 앞자리에 앉아서 모니터를 뚫어져라 응시했다. 서부 시간으로 저녁 9시를 지나며 분위기가 후끈 달아오르기 시작했다. 노스캐롤라이나와 오하이오에서 트럼프가 승리했다는 소식이 전해졌다. 미시간과 위스콘신에서도 앞서간다는 보도가 이어졌다. 승부처인 펜실베이니아에서도 엎치락뒤치락 막상막하였다. 트럼프가 미국의 중서부, 러스트 벨트를 쓸어버릴 것이라고 했던 틸의 예측이 맞아떨어지는 것 같았다.

진짜야? 이게 진짜라고? 사람들은 점차 흥분의 도가니로 빠져들어갔다. 와인병을 따고 샴페인을 터뜨려 글라스 잔을 돌리기 시작했다. 폭스 뉴스로 채널을 돌리자, 이미 트럼프의 승리가 확실하다고 선언하고 있었다. 틸과 동료들은 포효했다. 기쁨의 환호성을 내질렀다. 승리의 축배를 높이 들어올렸다. 이들을 제외한 거의 모든 실리콘밸리 사람들이 슬퍼하고 있을 모습을 상상하며, 짓궂은 미소를 지었다. 엿이나 먹어라!(Fuck the Valley) 짜릿한 밤이었다.

틸은 동지들과 함께 파운더스 펀드(Founders Fund) 사무실로 자리를 옮겼다. 마침내 미국을 재건할 기회가 열리고 있었다. 틸이 정권 인수팀의 핵심 보직을 맡을 것임이 확실했다. 서둘러 그와 함께 미국을 인수하고 개조할 팀을 짜야 했다. 어느 누구도 트럼프를 진심으로 좋아하지는 않았다. 하지만 그들의 보스, 틸에 대한 존경과 신뢰만큼은 무한했다. 역베팅에 올인한 역발상 베팅처럼 트럼프는 이 나라의 창조적 파괴자가 될지 몰랐다. 실리콘밸리의 혁신을 워싱턴에 주입할 수 있는 잠재력을 가지고 있었다. 그 이단아가 8년을 집권한다면 파운더스 펀드와 틸 재단(Thiel Foundation)이 오래 꿈꾸었던 기술 친화적 신세계가 한층 더 가까워질 수 있었다. 디지털 신문명국가를 만들고, 식품의약국(FDA) 규제를 완화하여 수명연장 기술 등 바이오테크의 전성기를 이끌 수도 있었다. 비트코인 같은 암호화폐를 전면적으로 수용하여 탈중앙화로 가는 길을 앞당길 수도 있었다. 동지들은 대장을 더욱 우러러보았다. 이제 실리콘밸리를 넘어서 미국 전체를 실리콘 스테이트로 개조해나갈 창건자(Founder)이심에 틀림이 없었다. 그들 사이에서 틸은 밤의 대통령, 그림자 대통령으로 통했다.

    2016년 11월 11일, 실제로 트럼프 당선인은 틸을 정권 인수팀 멤버로 발표한다. 트럼프의 책사로 불렸던 수석전략가 스티븐 배넌과 한 팀을 이루었다. 틸의 역할은 분명했다. 워싱턴의 딥스테이트, 행정국가를 파괴하는 것이다. 연방정부를 구성하고 있는 여러 조직이 거론되었다. 연방거래위원회, 연방통신위원회, 증권거래위원회, 식품의약국, 과학기술정책실, 미국국제개발처 등 명단이 끝도 없이 이어졌다. 선출되지 않은 수십만 공무원이 이 비대하고 무능한 연방기구에 똬리를 틀고 앉아 세금을 축내고 있었다. 이들이 정부 안의 정부 역할을 하면서 정권과 상관없이 정책을 제멋대로 조정하며 나라를 망치고 있었다. 무사안일과 복지부동으로, 미국이 떠안고 있는 산적한 문제를 해결하기는커녕 차기 정권으로 계속 미루는 것이 습관이자 관습이 되어버린 이들이다. 이 기형적 기생조직들을 대폭 축소하거나 전면 축출하는 것이 틸의 임무였다. 1998년 12월 페이팔(PayPal) 창업 때부터 꿈꾸어오던, 관료제

국가의 전면적인 대수술을 가차없이 집도할 수 있는 칼자루를 쥐게 된 것이다.

뉴욕의 부동산 킹이 실리콘밸리의 테크 킹을 이토록 신임하게 된 것은 어찌 된 연유일까? 역시나 인지상정, 힘들고 어려울 때 도와주는 이를 각별하게 여기는 법이다. 기적에 기적을 거듭하며 공화당의 대통령 후보가 되었으나 정작 공화당은 여전히 트럼프에 냉담했다. 대선 직전까지도 중도 사퇴와 후보 교체를 요구하는 목소리가 끊이지 않았다. 그해 7월 중순 클리블랜드에서 열린 공화당 전당대회도 그러했다.

그가 후보가 될 수 있었던 것은 인민과 더불어 엘리트들을 공격한 덕분이다. 네오콘의 실세인 부시 전 대통령을 연거푸 조롱했고, 존 매케인과 밋 롬니 등 오바마에 패했던 자당의 전직 후보들도 비판했다. 그러자 공화당의 주류 정치인들이 모두 전당대회에 불참한 것이다. 자연스레 공화당을 오래 지원해왔던 대기업 총수들도 트럼프와는 거리를 두었다. 풀뿌리의 푼돈은 넘쳤지만, 큰손들의 목돈은 몹시 아쉬웠다. 그중에서도 실리콘밸리는 특히나 트럼프에 적대적이었다. 전당대회를 앞두고는 150명의 기술기업가와 투자자들이 후보자 지명을 우려하는 공개 편지를 쓰기도 했다. '민중후보' 트럼프가 아쉬운 대목이 바로 이 지점이었다. 그를 열광적으로 지지하는 민초들은 짠내 나는 보통사람들이었다. 명문대학 아이비리그를 나오거나, 기업을 일으켜 갑부가 된 사람이 좀체 드물었다. 트럼피즘에 근사한 때깔을 입혀줄 셀럽이 간절했다. 트럼프 월드에 반드시 필요한 깨소금 역할을 피터 틸이 맡아준 것이다. 전당대회의 연사로 무대에 오른 것이다.

기념비적인 연설이었다. 처음에는 몹시 어색하고 어설펐다. 독일에서 이민 온 부모님이 처음 정착한 곳이 바로 여기였다며, 어린 시절로 이야기를 시작한다. 자세는 구부정했으며, 시선 처리는 로봇처럼 부자연스러웠다. 아마 연단 앞에 설치된 프롬프터를 연신 의식했기 때문인 것 같다. 즉흥 발언보다는 준비된 원고를 리허설대로 읽고자 한 것이다. 그럼에도 말하는 속도가 너무 빨랐다. 문장과 문장 사이를 쉬지 않고 호흡이 가빴다. 긴장을 넘어 흥분한 것이다. 열정이 냉정을 눌렀다. 그만큼이나 오래도록 염원해왔던 결정적 순간이었다.

하지만 참석자들은 냉랭했다. TV 카메라는 연설에 집중하지 않고 부산스러운 좌중을 빙 둘러가며 비춰주었다. 틸은 그 무심함 속에서 다시 한번 그의 지론을 설파했다. 한때 맨해튼 프로젝트로 핵폭탄을 완성하고 달에도 사람을 쏘아 올렸던 이 위대했던 국가의 참담한 기술적 쇠퇴를 역설했다. 원자력발전소에서는 여전히 플로피디스크를 쓰고 있단다. 비가 내리면 전투기가 작동을 하지 않는다고 한다. 우리의 정부는 완전히 무너졌다며 목소리를 드높였다.

　3분쯤 지났을까, 마침내 청중이 조용해지며 그의 말을 경청하기 시작했다. 자신이 어렸을 때는 소련을 어떻게 물리칠 것인가를 두고 커다란 논쟁이 있었다. 그런데 이제 이 나라는 누가 어떤 화장실을 사용해야 하는가로 논쟁을 벌이고 있다. 오바마 집권 8년을 거치며 다양한 성 정체성을 반영하는 화장실을 만들어야 한다는 논의가 확산해간 것을 비꼰 것이다. 이것은 우리나라의 실질적인 문제가 아니라며, 도대체 누가 어떤 화장실을 쓰든 그게 무슨 대수냐고 화가 난 듯이 큰소리를 내질렀다. 뭣이 중헌디? 뭔 상관이야? "Who Cares?" 마지막 그 두 단어를 내뱉자 처음으로 박수다운 박수가 터져나왔다. 그리고 마침내 모두가 기억하는 다음 대사가 이어진다.

　"물론 우리 미국인은 모두 저마다의 고유한 정체성을 가지고 있습니다. 저는 제가 게이인 것이 자랑스럽습니다. 저는 공화당 당원인 것도 자랑스럽게 생각합니다. 하지만 그 무엇보다도 저는 제가 미국인이라는 사실이 자랑스럽습니다."

　제발 그놈의 정체성 정치 타령은 그만두고 위대한 미국인으로 하나가 되자는 메시지였다. 공화당은 본디 이민자와 소수자에게 배타적인 정당이었다. 트럼프를 지지하는 MAGA 인민은 그 경향이 더욱 심했다. 그런데 저 이민자 출신의 동성애자 억만장자가 본인이 미국인이라는 점이야말로 가장 자랑스럽노라며 떳떳하게 외치고 있는 것이다. 그리고 트럼프를 도와서 다시 이 나라를 원대한 꿈을 꾸었던 위대한 미국으로 되돌려놓겠노라고 목청을 높이고 있었다. USA! USA! USA! 비로소 대중이 크게 호응하기 시작했다. 트럼프도 벌떡 일어나 함께 USA! USA! USA!를 외쳤다. YES! YES! YES! 틸도 치아가 훤히 드러날 만큼 활짝 웃으며 화끈하게 화답했다. 실리콘밸리의 갓파더와 저학력 노동계급의 풀뿌리 민중이 애국보수로 하나가 되는 순간이었다. 트럼프와 틸과 인민 사이의 삼각동맹이 체결되는 분수령이었다. MAGA의 형질 전환이 이루어지고 있었다. 지각변동, 미국의 정치판이 거대하게 바뀌기 시작했다.

2007 오프닝

틸의 책장에는 16세기 정치 이론가이자 피렌체의 공직자였던 마키아벨리의 책도 적지 않다. 누구나 들어보았지만 정작 읽은 사람은 드문《군주론》만 꽂혀 있는 게 아니다. 유독 그의 손때를 많이 탄 책은 따로 있다. 제목에서부터 지루함이 전해지는, 그래서 어쩐지 틸과는 더욱 어울리는《로마사 논고》다. 2000년 전 숨진 로마 역사학자의 저서를 세 권에 걸쳐 약 150여 개의 소재로 나누어 사색하고 분석한 500년 전의 저작이다. 이 책의 제3권 6장의 제목이 "음모에 대하여"다. 이 장에서 마키아벨리는 강력한 적에 맞서 힘을 키우는 방법, 독재를 끝내는 방법 등을 안내한다. 그런 책이 그가 상당한 시간을 쏟는 체스판의 안락의자에서 손 닿는 곳에 자리하고 있는 것이다. 음모란 누군가를 권력에서 물러나게 하기 위하여 적이 모르게 은밀히 도모하는 일이다. 그리하여 음모에 가담하는 것은 곧 세상을 바꾸는 일이다. 그 일을 위해 전략을 짜고 협력하고 함께 노력을 기울이는 행위가 공모다. 마키아벨리는 음모와 공모야말로 세상에서 가장 어려운 일이라고 했다. 그래서 그 작당모의를 실제로 행하는 사람은 무척이나 드문 법이다. 그 희귀한 종류의 사람이 간간이 등장하니, 피터 틸도 그런 유형이었다.

돌아보면 스타트업의 바이블이 된 틸의 저서 《제로 투 원》(Zero To One)에도 비슷한 대목이 나온다. 한 챕터를 통으로 '비밀'에 대하여 다루었다. 비밀스러운 음모가 성공하기 위해서는 철저한 계획 수립과 치밀한 실행 방침이 수반되어야 한다. 조직 구성부터 공모자 모집, 자금 조달, 비밀 유지, 여론 관리, 리더십 및 예지력 발휘, 궁극적으로 음모를 중단할 시점을 파악하는 일까지 각 단계마다 저마다의 기술이 필요하다. 그러나 그 무엇보다 가장 중요한 것은 용기와 인내다. 기존의 질서를 반드시 엎어버리고 말겠다는 대담함이 필요하고, 그 지난한 과정에서도 결코 지치지 않고 버티어내는 인내심 또한 필히 요청된다. 틸은 이러한 자질도 갖춘 인물이었다. 무려 10여 년에 걸쳐 빌드업을 해온 프로젝트의 과실을 따낸 것도 바로 2016년이었기 때문이다. 11월 트럼프의 당선에 앞서 그는 리버럴 성향의 인터넷 미디어 하나도 파산시켜버렸다. 자그마치 2007년부터 준비해온 일이다.

그가 성 소수자, 남성을 사랑하는 남성, 게이라는 사실은 '아우팅'된 것이다. 매사 신중하고 진중한 성격의 틸은 자신의 정체성을 공개적으로 밝히고 다니지 않았다. 공은 공이요 사는 사, 사생활을 드러낼 이유가 전혀 없었다. 그럼에도 무려 3천만 시청자가 보고 있는 공화당 전당대회에서 자신이 게이임을 만천하에 공개한 것도 사전 맥락이 있던 것이다. 2007년 〈밸리웨그〉(Valleywag)라는 사이트에 "틸은 뼛속까지 게이다"(Peter Thiel is totally gay, people)라는 기사가 올라온다. 2002년 설립된 인터넷 언론 고커미디어(Gawker Media)의 자회사로 IT 기업을 둘러싼 가십을 주로 다루었다. 하위문화 특유의 신랄한 조롱이 기저를 이루었다. 그중에서도 밸리의 억만장자가 실은 동성애자라는 폭로성 기사는 엄청난 조회수를 기록했다. 다른 온라인 저널도 하나 둘 고커를 따라 하기 시작했다.

틸은 고커가 인터넷 혁명이라기보다는 하나의 운동을 가장한 무질서에 불과하다고 보았다. 정치적 반대자들에 대해 좌표를 찍고 조리돌림을 하면서 희희낙락 낄낄대며 혐오를 일삼는 인터넷 언론들이 세상을 시궁창으로 몰고 갈 것을 염려했다. 틸처럼 기이한 의견을 지닌 특이한 사람들이 수없이 모여 있는 곳이 밸리다. 그 누구도 생각하지 못하는 것을 감히 생각해보려고 하는 괴짜들이 있기에 위대한 혁신도 가능한 것이다. 고커는 'Think Different'를 멈추게 할지도 몰랐다. 고커 공포증이 천재들을 움츠러들게 만들고 역발상을 봉쇄할 수 있다. 따라서 이것은 문화적 퇴행일 뿐만 아니라, 장차 일어날 수 있는 막대한 부에 대한 손실이기도 했다. 밸리의 야망이 1%라도 줄어든다면 미국과 세계와 인류 전체에도 불행한 일이 될 것이다. 틸은 미래를 승부하는 투자자로서 고커를 가만두어서는 안 된다는 결론에 이른다. 때마침 프란치스코 교황도 '무책임한 언론은 혀로 살인을 저지르는 테러'와 같다며 비슷한 견해를 제출하셨다.

고로 사적인 복수는 아니었다. 그저 정의를 구현하고 싶었다. 그 정의의 사도 역할을 수행해줄 배우로 등장한 이가 프로레슬러 헐크 호건이었다. 호건이 친구의 아내와 성관계를 하는 비디오를 고커가 온라인에 공개해버린 것이다. 반격과 역공의 기회가 찾아왔다. 헐크가 고커를 상대로 손해배상 소송을 냈을 때, 틸은 1000만 달러의 소송 비용을 익명으로 부담했다. 2016년 3월, 플로리다주 배심원은 총 1억 1500만 달러를 지급할 것을 판결했다. 그중 6000만 달러는 정신적 고통에 대한 배상이었다. 역사상 언론사에 내려진 최대의 배상액이었다. 한 시절 온라인 세상을 주름잡던 고커미디어의 피가 법정 바닥에 흥건하게 흘러내렸다.

즉 2016년 피터 틸은 상반기에는 입안의 가시 같던 미디어 제국을 붕괴시키고, 하반기에는 워싱턴의 기득권을 타파할 트럼프를 당선시켰다. 대선이 끝나고 열린 한 축하 파티에서 찍힌 틸의 사진이 한 장 남아 있다. 트럼프는 평소의 정장 차림으로 등장한 반면, 진지하기 이를 데 없는 틸은 붉은색 복장에 금발 가발을 쓰고 입장했다. 헐크 호건의 코스튬으로 분장한 것이다. 헐크와 트럼프, 두 개의 패를 쥐고 틸은 2016년을 완전히 장악했다. 틸에게 트럼프는 정치혁명의 수단, 워싱턴의 쌍적폐를 청산할 또 한 명의 헐크에 다름 아니었다.

워싱턴 점령(Occupy Washington)은 틸의 오랜 지론이었다. 2014년 〈뉴욕 타임스〉에서 틸과 데이비드 그레이버의 대담을 읽은 적이 있다. 그레이버는 《부채, 첫 5000년의 역사》《가치이론에 대한 인류학적 접근》《불쉿 잡》 등을 집필한 저명한 경제인류학자다. 무엇보다 월스트리트 점령 99% 운동을 조직하고 이끈 실천적 지식인으로 나에게는 친숙한 존재였다(2012년 그가 UCLA에 강연하러 왔을 때도 나는 맨 앞자리에서 그의 설교를 좋긋 경청했다). 가장 오른쪽의 리버테리언(자유지상주의자)과 가장 왼편의 아나키스트(무정부주의자). 물과 기름 같은 사람들이건만 그래도 생각이 일치하는 공통의 시대감각은 있었다. 오늘날 미국이 사상적으로나 기술적으로나 심각한 정체 상태에 있다는 것이다.

다만 그 미국을 혁신하기 위한 방법론에서 두 사람은 완전히 상반되는 입장을 보였다. 그레이버에게 중요한 것은 99% 운동처럼 진정한 참여민주주의를 만드는 것이다. 당시 맨해튼의 주고티 공원에서는 매일 밤 시위대가 참여하는 해방구의 난상토론이 벌어졌다. 대의민주주의를 대체하는 숙의민주주의, 국회를 대신하는 민회, 요즘 말로 하면 시민의회를 옹호한 것이다. 만민공동회를 역설한 셈이다. 그에 반하여 틸은 이제 민주주의는 더 이상 고쳐 쓸 수 없을 정도로 망가진 제도라고 선을 그었다. 그러니 민주주의의 외부를 목표로 삼아야 한다는 것이다. 틸이 이상적인 모델로서 제시한 것은 스타트업이었다. 스타트업은 태생적으로 민주주의와는 거리가 멀다. 그 어떤 일도 투표로 정하지 않는다. 진정한 파괴적 혁신은 민주주의 같은 수평적 모델이 아니라, CEO가 군주적 권력을 행사하는 위계적 조직에서만 가능하다는 것이다. 그래서 지난 반세기 미국의 지지부진과는 달리 오로지 실리콘밸리만이 번창하고 번영했다는 것이다. 더 이상은 소박한 평민 정치(Folk Politics)에 기대지 말라고 조언했다.

틸은 2008년 세계 금융위기 이후 자신의 사상을 적극적으로 피력해왔다. 망가져버린 미국의 시스템에 직면하여 논객이자 지식인으로 활발하게 활동하기 시작한 것이다. 지금은 창업가들의 자기계발서처럼 읽히고 있는《제로 투 원》도 실은 2014년 출간 당시의 본디 취지는 미국의 현실에 대한 틸 나름의 처방전이었다. 그는 진심으로 자신의 제안이 진지한 토론의 대상이 되기를 바랐던 것 같다. 그러나 사방팔방에서 십자포화를 연달아 얻어맞는다. 인터넷 미디어들은 여전히 그를 게이라며 얼토당토않게 물어뜯었고, 레거시 미디어들은 '자유와 민주주의는 양립할 수 없다'는 그의 이단적인 주장에 '헛똑똑이 파시스트'라는 치명적인 낙인을 찍었다. 도통 대화와 토론이 되지 않는다면, 정녕 이 무능하고 무기력한 정치에서 벗어날 수 없는 것이라면, 스스로 정치에 개입해 들어갈 수밖에 없었다. 자유로운 기술의 해방공간을 창출하기 위하여 직접 국가권력을 찬탈해 나라의 틀과 꼴을 개벽해야 했다.

실제로 틸은 2012년 대선에도 참여한다. 물론 당시 틸과 같은 이단적 사상을 가진 정치인은 없었다. 그의 비전을 담아낼 수 있는 정당 또한 없었다. 다만 괴팍한 괴짜가 필요했다. 그때 선택한 인물이 텍사스의 의사이자 작가 출신 정치인인 론 폴이다. 틸은 폴에게 정치자금을 대주었다. 물론 그가 대통령이 될 것이라고 보지는 않았다. 밑밥을 깔아두는 것이다. 진지를 구축해두는 것이다. 오프닝게임, 빌드업을 하는 것이다. 고커를 침몰시키는 데도 9년이 걸렸다. 워싱턴의 양당 체제와 행정국가를 허물어뜨리는 데는 그 이상의 시간이 필요할지 모른다. 그러나 아주 오래 걸리지도 않았다. 그만큼이나 미국은 삐걱삐걱 오작동하고 있었다. 2016년 마침내 조커가 등장했다. 진지전에서 기동전으로, 전격적으로 전략을 수정한다. 풀베팅과 풀스윙, 틸은 온힘을 다하여 모든 것을 걸었고, 끝끝내 끝내기 역전 만루홈런을 커다랗게 쳐올렸다.

2020 엔딩게임

다시 2016년 11월. 틸은 동고동락했던 핵심 측근들을 데리고 동부로 떠났다. 인수위가 꾸려진 곳은 뉴욕의 트럼프타워였다. 14층에 있는 칙칙한 사무실을 실리콘밸리 스타일로 개조했다. 공무원 특유의 큐비클은 죄다 쓰레기통에 내다 버렸다. 고정된 자리 배치는 고장 난 조직의 상징과도 같았다. 칸막이가 없는 긴 탁자를 설치하고, 노트북을 이리저리 들고 다니며 삼삼오오 머리를 맞대었다. 틸의 팀은 두드러지게 젊었고 말쑥했으며 날렵하고 재빨랐다. 정권 인수팀의 여타 정치인과 관료들 사이에서 슈퍼모델처럼 보일 정도였다. 3040이 주축이 된 그들은 5060이 퇴근한 이후에도 밤을 새워 일했다. 2017년 1월 20일 취임 전까지 전력으로 질주한 것이다. 그들이 작성한 가장 중요한 문서가 150인 명단이다. 자고로 인사가 만사다. 트럼프 1기 행정부의 주요 요직에 배치할 점령군을 추천한 것이다. 국가의 내부로 침투하여 행정국가를 붕괴시키는 특수임무를 수행할 특공대였다.

가령 틸이 FDA(식품의약국)에 추천한 사람은 발라지 스리니바산이었다. 스탠퍼드 대학에서 컴퓨터과학을 전공한 당시 36세의 암호화폐 기업가였다. 여전히 종이 문서로 운영되는 낡은 미국을 떠나서 0과 1로 작동되는 디지털 신생국가를 만들자고 떠들고 다니는 친구였다. 그의 시각에서 FDA는 존재할 필요가 없는 조직이었다. 의사와 환자가 그들이 사용했던 약에 대한 정보를 공유하는 탈중앙화된 데이터베이스만 만들면 그만이었다. 틸이 투자한 맛집 평가 앱 '옐프'(Yelp)에 빗대어, 제약 분야의 옐프를 만들자는 것이다. 스리니바산은 트럼프와 최종 면접도 가졌지만 결국 FDA에 배속되지는 못했다(그는 2020년 싱가포르로 이주하고, 2022년 《Network State》를 출간한다).

비단 스리니바산만이 아니었다. 150명 가운데 트럼프 정부에 합류한 인사는 10명 남짓에 그쳤다. NSC(국가안전보장회의)에 케빈 해링턴이 들어가고, 백악관 기술보좌관으로 마이클 크라치오스가 투입되는 등 틸의 최측근 몇몇이 임명되기는 했지만, 그 정도로는 중과부적이었다. 조짐은 점점 더 안 좋아졌다. 인수팀에서 틸과 동맹을 맺었던 수석전략가 스티브 배넌도 백악관에서 7개월 만에 쫓겨난 것이다. 또 다른 세력이 대통령을 에워싸고 있었다. 딸 이방카와 사위 쿠슈너가 복병이었다. 가족들이 눈을 가리고 귀를 막으며 비선 정치를 하면서 국정을 농단했다. 틸은 훌훌 짐을 싸서 털털 서부로 돌아간다.

트럼프 1기는 엉망진창이었다. 혼란스러웠다. 혼돈의 연속이었다. 탄핵 시도도 연거푸 일어났다. 엎친 데 덮친 격으로 전염병까지 퍼져갔다. 미국은 특히나 속수무책이었다. 도처에 주검이 널렸다. 그 아수라장 속에서 2020년 11월 대선이 다가오고 있었다. 정상적인 선거가 어려웠다. 아직도 유권자가 종이에 도장을 찍고 그 표를 일일이 세어서 대통령을 뽑는 제도가 이토록 어리석어 보인 적은 없었다. 이번에는 특히나 우편 투표를 이용하는 경우가 많았고, 기어이 부정선거론의 도화선이 되었다. STOP THE STEAL, 도둑질을 멈춰라! 트럼프의 패배를 인정하지 못하는 극렬 지지자들이 국회의사당에까지 난입하는 그 사달이 난 것이다.

이 대환장 난장판 파티를 틸은 멀리서 조용히 지켜보고 있었다. 나라의 모든 도시가 팬데믹으로 봉쇄되어가던 무렵에는 하와이의 마우이 저택에서 보냈다. 사망자 숫자는 갈수록 늘어갔고, 트럼프의 패색은 점점 더 짙어갔다. 그럼에도 패배를 수용하지 않는 지지자들이 국회를 점령하는 초유의 사태는 LA의 대저택에서 지켜보았다. 트럼프는 미숙했다. 인수위 때부터 방향을 제대로 잡지 못했다. 그래서 가족들에게 휘둘린 것이다. 그 실패의 틈을 비집고 공화당 주류가 되살아날지도 몰랐다. 그런데 공화당 밖에서 여전히 트럼프의 승리를 확신하는, '대안적 진실'에 흠뻑 빠진 광적인 사람들이 있었다. 그들은 더 이상 당원이라고도 할 수 없었다. 어디까지나 MAGA 복음을 따르는 신실한/실성한 광/신도들이었다. 공화당은 죽었고, 공화국도 죽어가고 있었다. 불타는 로마처럼 워싱턴이 불타오르고 있었다.

천성적으로 신중한 틸은 낙담하거나 분노하는 사람이 아니다. 감정에도 쉬이 휘둘리지 않는다. 시류에 휩쓸리지 않고 저류를 파고든다. 재차 숙고하기 시작했다. 자리에 앉아 차분하게 생각에 잠긴다. 그리고 책을 펼쳐 들었다. 그가 가장 존경하는 체스 선수, 호세 라울 카파블랑카를 읽는다. 큰 그림을 그리며 넓게 사고하고 포석을 잘 두는 그랜드마스터다. 특히 엔드게임의 최강자다. 오프닝게임도 미들게임도 결국 종반전, 끝내기를 위한 밑자락이다. 끝수를 생각하며 첫 수를 둔다. 시작할 때 끝을 알고 있어야 한다. 어떻게 매듭을 지을지부터 연구한 다음에야 비로소 착수를 하는 것이다. 탁월한 포지셔닝을 통한 예술적 콤비네이션으로 찬란한 피날레를 장식한다. 체스를 한 편의 마스터피스로, 위대한 작품으로 만드는 것이다. 본래 마스터 간의 체스 경기는 두 판 이상 벌어지는 법이다. 승부는 마지막 삼세판에서 갈리는 것이다.

킹을 바꾸지는 않기로 했다. 트럼프의 패배로 트럼피즘은 더더욱 들불처럼 번져나가 미국을 집어삼킬 것이기 때문이다. 트럼프는 이제 공화국의 대통령이 아니라 제국의 제왕, 총통이 되어갈 것이다. 2024년 불타오르는 레드 아메리카가 어렴풋 보이는 것 같았다. 과제는 완승과 압승 이후다. 인수위 기간의 복마전, 파워 경쟁에서 밀려나면 일을 그르친다. 킹이 아니라 주변을 바꾸어야 한다. 주포를 교체하는 것이 아니라, 친위 세력을 대폭 보강해야 한다. 틸은 이미 백업 플랜을 착착 가동하고 있었다.

또다시 플래시 백. 2016년 12월 14일로 돌아간다. 첫 번째 대선에서 승리한 지 한 달, 취임식도 앞으로 한 달여 남은 시점이었다. 트럼프타워 25층으로 테크기업의 거물들이 속속 모여들었다. 애플의 팀 쿡, 아마존의 제프 베이조스, 구글의 래리 페이지, 마이크로소프트의 사티아 나델라, 페이스북의 셰릴 샌드버그가 참석했다. 시스코와 오라클, 인텔과 IBM의 수장들도 자리했다. 이들 중 단 한 명도 트럼프를 지지하지 않았다. 틸을 제외한 모두가 힐러리를 찍었다. 불편함을 넘어 서로 불신하는 사이였다. 트럼프는 애플이 중국에서 스마트폰을 생산하는 것을 거칠게 비난했다. 베이조스가 소유한 〈워싱턴 포스트〉가 가짜뉴스를 퍼뜨린다고 불만을 터뜨렸다. 래리 페이지와 세르게이 브린은 트럼프 당선이 구글의 가치에 반한다며 공공연히 떠들고 다녔다. 심지어 베이조스는 트럼프가 당선되면 로켓에 태워서 우주로 던져버리겠다는 농담을 했을 정도다. 그만큼 실리콘밸리와 트럼프 사이에는 우주만큼이나 아득한 거리가 있었다. 그럼에도 이들을 한자리에 모을 수 있는 것이 동부와 서부를 연결하는 실세, 피터 틸의 막강한 힘이었다.

트럼프의 오른쪽에 부통령 펜스가 앉았고, 트럼프의 왼편에 틸이 앉았다. 워싱턴과 테크기업을 연결함으로써 디지털-정경유착을 도모하는 첫 번째 회합이었다. 기업 총수들의 표정은 여전히 무척 난감했지만, 제국의 총통은 만면에 흐르는 흐뭇한 미소를 감출 수 없었다. 참다못해 틸의 손을 번쩍 들어 치켜올렸다. 공화당 전당대회부터 그날 회의의 기획까지 틸의 공을 높이 치하했다. 너무나도 사랑스럽게 틸의 주먹을 살살 어루만지며 이야기를 늘어놓아서 틸의 얼굴이 점점 붉어졌을 정도다. 킹과 킹의 브로맨스가 므흣한 분위기를 자아냈다.

그런데 바로 그 자리에 일론 머스크와 알렉스 카프도 있었다. 두 사람 모두 고군분투하던 시절이다. 만성적인 자금난으로 허덕거리던 무렵이다. 특히 테슬라와 스페이스X는 위태로운 시간을 보내고 있었다. 자율주행 오토파일럿이 첫 번째 사망 사고를 일으킨 해가 2016년이다. 9월에는 스페이스X에서 연료 주입 중이던 팰컨9 로켓이 발사 직전 폭발하는 사고도 일어났다. 알렉스 카프는 정치부의 베테랑 기자들조차 누군지 잘 모르는 듣보잡이었다. 그해 테슬라의 시총은 시스코의 5분의 1에 불과했고, 팔란티어는 인텔의 10분의 1도 되지 않았다. 그럼에도 틸은 머스크와 카프를 그 자리에 배석시킨 것이다. 심지어 상석을 내어주었다. 틸의 바로 왼쪽에는 팀 쿡이 있었는데, 바로 그다음 자리에 머스크를 앉힌 것이다. 머스크와 카프가 당선인에게 직접 어필할 수 있는 기회를 부여한 것이다. 특히 상대적으로 무명이었던 카프는 이 회동을 십분 활용했다. 트럼프가 주장하는 위대한 미국의 재건에 팔란티어의 소프트웨어가 어떻게 기여할 수 있는지를 발표했다. 불법 이민자의 추적과 추방에도, 강력한 안보태세 확립과 국방력 강화에도 팔란티어의 프로그래밍이 유용하게 활용될 수 있음을 피력했다.

실제로 트럼프 1기 동안 머스크는 화려하게 부활했고, 카프는 비약적인 성장을 이루었다. 펜타곤과 NASA 등 국가의 주요 기관들이 스페이스X와 팔란티어와 계약을 맺고 협력을 심화했다. 스페이스X는 민간기업으로는 처음으로 NASA의 우주비행사를 국제우주정거장에 쏘아 올렸다. 트럼프 대통령이 친히 이 광경을 참관하여 머스크에게 엄지척을 들어 보였다. 즉 트럼프 1기 4년이 점점 더 혼돈으로 빠져드는 와중에도 테슬라와 팔란티어의 주가는 계속 우상향하고 있었다. 이들 기업에 투자한 파운더스 펀드 또한 돈을 긁어모았다. 틸이 파운더스 펀드를 설립한 이래 가장 수익률이 좋았던 4년이 바로 그 시기였다. 주요 국가기관들과 본격적으로 합작하기 시작한 스페이스X와 팔란티어는 바이든 정권 4년을 거치면서도 성장을 멈추지 않았다. 틸이 딥스테이트 내부 깊숙하게 장착시킨 프로그램들이 자율적으로 자연스럽게 가동되고 있던 것이다. 올드 아메리카의 세금이 줄줄줄 파운더스 펀드로 흘러들어 뉴-아메리카를 재건할 든든한 군자금이 되어주었다.

2020년 틸은 플로리다로 거처를 옮긴다. 마이애미 해변가에 새 보금자리를 꾸렸다. 파운더스 펀드도 남플로리다에 새로운 사무실을 열었다. 팜비치에 있는 트럼프의 마라라고 리조트와도 그리 멀지 않은 곳이다. 겨울 별장 마라라고는 이제 MAGA의 헤드쿼터가 되었다. 워싱턴의 공화당 당사는 더 이상 중요치 않았다. 미래의 정치는 식물정당의 외부에서, 아스팔트에서 피어나고 있었다. 2022년 봄, 마라라고에서 틸은 젊은 정치인 한 명을 트럼프에게 소개했다. 틸의 충직한 직원 출신인 J.D. 밴스였다. 곧 오하이오 주 상원 선거에 출마할 것이라고 했다. 4월 트럼프는 밴스를 지지했고, 5월 밴스는 쟁쟁한 경쟁자들을 물리치고 공화당의 공천을 낚아챈다. 응당 틸의 전폭적인 자금 지원 속에서 밴스는 상원의원에 당선되었다. 그리고 불과 2년 후, 39세의 나이에 부통령 후보로 지목된다.

하여 2025년 1월 다시 출범한 트럼프 2기 정부는 완전히 틸의 사단(Thiel-verse)으로 꾸려지게 되었다. 좌-밴스, 우-머스크. 부통령 밴스도, 소통령 머스크도 틸의 사람이다. 쌍포가 쌍두마차로 구체제를 격파하고 구질서를 혁파하여 올드 아메리카를 폭파해버릴 기세다. 2017년 50세를 맞이하여 오랜 연인과 오스트리아 빈에서 결혼식을 올리고 두 아이를 입양한 틸은 더 이상 정치의 전면에 나서지 않는다. 가정에서는 정성껏 남편과 아이들을 내조하고, 사회에서는 그가 키워왔던 후생들을 음양으로 물심양면 지원하고 후원한다. 실리콘밸리의 마스터가 이제는 뉴-아메리카의 마에스트로가 된 것이다.

본디 나를 따르라, 돌격대형 리더가 아니었다. 작전을 짜고 작곡을 하고 연주를 한다. 백악관과 워싱턴 곳곳에 포진시킨 자신의 분신들을 악기 삼아 위대한 교향곡을 총지휘하기 시작한다. 신세계 교향곡 제2악장, 디지털 뉴월드 심포니를 우아하게 연주하는 것이다. 그리고 이 새로운 교향곡은 어쩐지 어둡고 장엄한 구세계의 오래된 정취가 물씬하다. 장차 파격과 파란이 연달아 연출될 것이다. 어쩌면 파탄과 파국이 벌어질지도 모른다. 불타는 워싱턴의 불꽃 이스크라를 따라서 불타오르는 세계로 번져나갈 것이다. 그럴수록 이 바로크풍 대반전 교향곡은 클라이맥스를 향하여 웅장하게 치달아갈 것이다.

《로마사 논고》 제1권 26장에는 "신생 군주는 그가 정복한 도시나 지역에서 모든 것을 새롭게 조직해야 한다"라고 쓰여 있다. 제3권 1장에는 "한 종교나 국가가 오래 존속하기 위해서는 종종 시초로 되돌아가야 한다"라고도 적혀 있다. Back to the Future. 자,

이쯤에서 우리는 피터 틸의 시초로, 그 설계의 원점으로 돌아가볼 필요가 있다. 딥마인드의 딥시크, 그의 머릿속 깊숙한 곳으로 더더욱 깊이 들어가볼 필요가 있는 것이다. 피터 틸은 1967년생, 올해로 58세가 되는 미국의 586이다. 1986년에 대학생이 되었다. 애송이 새내기 시절부터 영 호락호락하지 않았다. 교수들과 선배들까지 캠퍼스를 완전히 장악한 '68년 체제'에 저항하고 반항하는 골수 반동분자였다. 타는 목마름으로 민주주의와 자유주의에 퍽큐(Fuck the World!)를 날리고 다니는 꼴통 이대남이었다. 응답하라 1986, 스탠퍼드 대학의 운동권 시절로 돌아간다.

다시 만난 세계:
뉴 다크 에이지

창간: 뉴 스탠퍼드

　소년이 운다. 계집아이 같았다. 뭇 사내들과는 사뭇 달랐다. 우르르 몰려다니며 어울리지를 못했다. 성장 속도도 느린 편이었다. 축구에서는 뜀박질이 느렸고, 농구에서는 몸싸움에 밀렸다. 멀찍한 곳에서 우두커니, 왕따이고 찐따였다. 유일하게 왕 놀음을 할 수 있는 것은 머리를 쓰는 일이었다. 두뇌를 쓰는 분야에서는 두각을 나타낼 수 있었다. 이 세상 그 누구보다도 똑똑하다는 자부가 있었다. 브레인 게임, 체스에 몰두한 까닭이다. 체스에서는 적수가 없었다. 압도적인 실력으로 덩치 큰 녀석들을 판판이 이겨갔다. 작은 체구로도 큰 코를 납작하게 눌러줄 수 있었다. 인텔리전스, 지능과 지성은 틸이 보유한 최고의 무기였다.

시대는 근력보다는 지력을 요하는 것처럼 보였다. 1972년 틸이 다섯 살이었을 때 '세기의 대결'이 펼쳐진다. 미국의 보비 피셔가 당대 최강으로 군림하던 소련의 보리스 스파스키를 누르고 체스 세계챔피언에 등극한 것이다. 1948년 동서냉전 이래 체스는 늘 소련의 마스터들이 최고봉을 이어갔다. 마침내 미·소 냉전에서 미국이 소련을 앞서가는 상징적인 사건이 된 것이다. 냉철한 두뇌 싸움으로 냉전을 이겨낸 것이다. 미국 전역에 TV로 생중계되었던 그 장면은 틸의 일생을 좌우하는 원체험이 되었다. 소년은 자신의 체스 세트에 '타고난 승리자'(Born to Win)라는 좌우명을 스티커로 붙여둔다. 천성적으로 차분한 그 소년이 유일하게 울분을 참지 못하고 화를 내는 순간도 체스에서 질 때였다. 전술·전략만큼은 지고는 못 살았다. 실제로 승승장구 13세 이하 체스 대회에서 틸은 미국 전체 1등을 쟁취한다.

체스를 하지 않는 시간에는 독서에 몰입했다. 특히나 판타지와 SF를 사랑했다. 톨킨의 《반지의 제왕》 3부작은 너무나도 많이 읽어서 세세한 내용까지도 달달 외울 정도가 되었다. 아이작 아시모프와 아서 클라크도 좋아했다. 휴머노이드 로봇이 등장하고, 우주여행을 하고, 달에 식민지를 건설하고, 석유로 만든 음식으로 기아를 해결하고, 하늘을 날아다니는 자동차를 타고, 죽지 않고 영원히 살아가는 환상과 공상과 몽상의 세계에 깊이 빠져들었다. 보드게임 던전앤드래곤(Dungeons&Dragons)도 즐겨 했다. 이 또한 판타지 스토리텔링 성격이 강하다. 저마다 상상의 캐릭터로 분하여 롤플레잉을 하는 것이다. 가장 중요한 역할은 캐릭터들의 모험을 갈무리하는 이야기꾼이자 심판으로서 던전 마스터다. 친구들끼리 번갈아가며 하는 것이 일반적이건만, 유난히도 똑똑하고 지나치게 진지했던 틸은 마스터만큼은 누구에게도 양보하지 않았다. 전체를 관장하는 일은 반드시 본인이 맡아야 직성이 풀렸다. 소년 시절부터 그는 조용한 지배자였다.

대학 시절도 크게 다르지 않았다. 신입생 환영회, 딱 한 단어로 자기를 소개하는 자리에서 그는 '인텔리전트'를 꼽았다. 미국 최고의 수재들이 모인 스탠퍼드에서도 내가 제일 잘나가, 자신감이 뿜뿜 하늘을 찔렀다. 대학 문화는 영 마땅치가 않았다. 동기들은 술 퍼마시러 다니고, 대마초를 피워대고, 여학생 꽁무니를 쫓아다녔다. 틸은 그 어떤 것에도 관심이 없었다. 친구를 사귀는 것에도 무심해 보였다. 오히려 그들을 이기고 누르고 지배하려고 했다. 나 혼자만 레벨업, 학점에서도 만점을 받는다. 너드남의 끝판왕이었다.

그의 사회적 정체성이 극적으로 변하게 된 계기는 학내 분규 사태였다. 진보좌파 선배들이 '서양문화'라는 필수교양 수업에 문제를 제기했다. 아리스토텔레스부터 셰익스피어에 이르기까지 텍스트가 온통 백인 남성들로 점철되어 있다며, 정치적으로 올바르지 않다는 것이다. 백인 중심주의와 서양 중심주의를 탈구축하자고 했다. 서구의 정전을 해체하려는 급진적인 운동이었다. 문화적 다양성과 젠더의 관점을 반영한 똑바른 커리큘럼을 짜라고 교수들을 다그친 것이다. 틸은 분개했다. 그런 말을 하고 다니는 선배와 친구들이 지긋하게 고전을 연구하는 꼴을 본 적이 없었기 때문이다. 잘 알지도 못하면서 주워들은 몇 마디로 궤변을 늘어놓는 이들의 촐싹거림을 참아줄 수가 없었다. 유행 따라 포스트모던 운운하며 포스트 콜로니얼 이론을 읊어대는 운동권에 심한 반감을 느낀 것이다. 자기성찰과 자아비판을 구분하지 못하고 자가당착에 빠졌다고 보았다. 혼종과 잡종을 권장하는 다문화주의에 맞서 순수의 시대를, 서양의 '거대한 뿌리'를 사수하고자 한 것이다.

그리하여 대학 2학년 때 본인이 편집장이 되어 〈스탠퍼드 리뷰〉를 창간한다. 캠퍼스를 장악한 신좌파에 맞서서 사상의 자유, 언론의 자유를 내걸었다. '정치적 올바름'(PC)에 경도된 리버럴 학생들의 '깨어 있는(Woke) 시민' 놀이에 시랄한 비판을 퍼붓는다. 68혁명 이래 대학을 장악한 뉴레프트를, 1930년대 히틀러의 청소년단 유겐트에 빗대는 식이었다. 히피들은 나치만큼이나 편협한 사람들이라고 성토했다. PC는 결국 소련처럼 자기파괴적일 것이라고 전망했다. 해야 할 말과 하지 말아야 할 말을 권력이 정해주는 공산국가의 몰락을 그대로 답습할 것이라고 예언했다. 대학가의 주류 문화가 된 반문화(Counter-Culture)에 카운터펀치를 날린 것이다.

    1987년 7월 9일 첫 호를 발간한 〈스탠퍼드 리뷰〉의 편집진은 모두 백인 남자였다. 12명의 이대남, 신남성의 연대였다. 이데올로기를 공유하는 수컷들과 무리를 지으면서 틸의 아이덴티티도 달라지기 시작한다. 신좌파가 마리화나 연기 가득한 클럽을 전전할 때, 대안 우파 12사도는 짐(Gym)으로 달려갔다. 구슬땀을 흘리며 근육을 키워갔다. 벤치프레스와 스쿼트, 풀업을 하고 트랙을 달렸다. 그들은 대학을 재차 소크라테스의 헬스클럽, '아테네 전당'처럼 만들고자 했다. 철인왕 플라톤은 그리스 제전에서 두 번이나 우승한 당대 최고의 레슬러이기도 했다. 플라톤이라는 이름부터가 코치가 붙여준 별칭 '넓은 어깨'라는 뜻이다. 과연 고대의 그리스 현자들은 유약한 '입진보'가 아니었다. 글래디에이터, 상남자들이었다. 그리스 조각 같은 탄탄한 몸매를 자랑하며 격렬한 격투기로 남성미를 뿜어냈다. 강건한 몸에 건강한 정신이 깃드는 법. 탁월함은 모름지기 몸으로 입증하는 것이며, 아름다운 신체에는 그 자체로 신성이 깃들어 있다고 보았다. 맨몸과 알몸을 부딪쳐 아드레날린을 폭발시키면서 지-덕-체(智德體)를 함양하고 진-선-미(眞善美)를 추구한 것이다. 스탠퍼드를 아테네의 아카데미처럼! 스파르타 스타일의 뉴 스탠퍼드로! 이렇게 다시 만난 고전의 세계가 68세대 강단 지식인과 뉴레프트 선배들보다 훨씬 더 간지 난다고 여겼다. 여성과 남성 사이 경계를 흐리기보다는 더욱 남자다운 남자, 야성적인 우두머리 알파메일을 추구했다.

그 꼴통 이대남들의 사상을 갈무리한 책이 바로 《다양성의 신화》(The Diversity Myth)다. 1995년에 출간된 피터 틸의 첫 번째 저작이다. 이 책을 공저한 데이비드 삭스는 1998년 틸과 함께 페이팔을 창립했고, 30년이 지난 2025년 현재는 트럼프 2기 정부에서 인공지능과 암호화폐 정책을 총괄하는 '차르'가 되었다. 틸은 스탠퍼드와 동부의 아이비리그를 막론하고 현재의 대학들이 500년 전 종교개혁 이전의 가톨릭 성당처럼 부패하고 낡았다고 여겼다. 왜 술 마시고 연애하고 골방에서 이빨 까는 데 무려 4년이라는 시간과 돈을 낭비해야 하는지 의아했다. 창조력과 도전정신이 가장 충만한 10대 후반과 20대 초반을 대학에서 보내는 청춘남녀가 정녕 안타까웠다. 더 빨리 진짜 인생을 시작하여, 더 풍부한 인생을 경험할 수 있다. 4년제 대학은 그들의 찬란한 황금 시절만 낭비하는 것이 아니다. 궁극적으로 미국의 혁신을, 인류의 도약을 가로막는 장애물이다.

그리하여 2011년 틸 재단에서 시작한 펠로십이 바로 '20/20' (20 under 20)이다. 스무 살 이하 청년 스무 명을 뽑아서 창업할 수 있도록 지원하는 프로그램이다. 1년에 1억씩 지원한다. 단 하나 전제가 달려 있다. 반드시 대학을 자퇴해야 한다는 것이다. 여지를 남기지 말고, 미련을 두지 말고, 구체제의 보루인 대학을 떠나라고 했다. 고등교육은 이미 심각한 버블이다. 중세의 교회처럼 곧 사라질 거품이다. 그러니 과감하게 도전하라고 했다. 미래를 개척하고 독점하라고 했다. 그것이야말로 청춘의 특권이다. 시대착오적인 대학이 청춘을 아프게 만든다. 아프니까 청춘이 아니다. 제도와 체제가 청년을 아프게 한다. 즐겁고 신나고 건강해지려면 자기다운 일을 해야 한다. 오롯이 자기 자신이 된다는 것은 취업을 하는 것과는 별개다. 취업이란 구질서의 일부로 편입되기 십상이다. 창업이야말로 새 질서의 창조다. 모든 위대한 창업자는 저절로 자기주도 학습을 하지 않을 수 없다. 그러면 공부도 정말로 신나고 재미가 있다. 일이 곧 공부요 놀이가 되는 것이다. 직장이 또 다른 놀이터가 되는 것이다. 근질근질 어서 출근하고 싶어 안달이 나고, 미적미적 퇴근하기가 싫어 밤을 지새운다. 늙은 교수들의 낡은 대학과는 달리 생기가 돌고 활기가 넘치는 덕업일치의 장을 이룰 수 있다.

 틸 가라사대, 오늘날 세계에서 가장 중요한 문제가 무엇인지를 파악하고, 이를 해결하기 위해서는 무엇을 해야 하는지를 찾아서 몰두하라. 그러니 부디 창업해서 창조하라. 실리콘밸리의 교주, 틸이 발신하는 20/20의 세계관이라고 하겠다. 근사한 역할 모델도 있었다. 틸은 하버드 대학을 중퇴한 저커버그에게 거금을 투자하여

피터 틸

페이스북을 세계 최고의 SNS 기업으로 만들어냈다. 저커버그는 틸이 빚어낸 첫 번째 완성품이었다. 헤어스타일마저 로마의 황제 카이사르를 흉내 냈다. "Carthage Delenda Est"(카르타고는 멸망해야 한다) 등 라틴어 어록도 즐겨 인용한다. 틸이 제시하는 20/20 세계관에 달려들고 몰려드는 20대 천재가 늘어날수록 마침내 20세기의 올드 아메리카를 벗어나 21세기의 뉴-아메리카도 가능해질 것이다. 애당초 미국은 창업가들이 세운 나라다. 제로에서 원으로, 무에서 유로, 그렇게 스타트업으로 세운 나라가 바로 미국이다. 건국의 아버지들, 알렉산더 해밀턴도 토머스 제퍼슨도 모두 18세기의 혈기 왕성한 창업가들, 파운더였다.

20/20 프로그램을 출범시킨 2011년, 틸은 〈내셔널 리뷰〉에 "미래의 종언"(The End of Future)이라는 글을 기고한다. 콕 집어서 68세대를 겨냥한다. 신좌파의 68혁명 때문에 기술혁명이 좌절되었다는 것이다. 그들의 반문화가 반기술로 전락하면서 무수한 진보를 막아섰다는 것이다. 1969년 7월 인류는 달에 도달하는 위대한 도약을 이루었지만, 불과 3주 후에 우드스탁 페스티빌이 시작되고 말았다. 사이언티스트와 엔지니어가 아니라 히피들이 나라를 지배하면서 진보를 엉뚱한 방향으로 전유하기 시작했다. 반전운동, 민권운동, 생태주의, 페미니즘 등등. 그야말로 1960년대는 정치적 급진주의가 흥성한 시대였다. 그러나 틸의 진단에 따르면, 신

좌파의 문화전쟁이야말로 미래를 지체시킨 원흉이다. 그 68세대가 미국 사회의 주류가 되고 문화적 패권을 행사하면서, 반세기 가깝도록 기술의 초가속적 혁신이 선사할 무궁무진한 가능성을 탐구하지 못한 채 불모지를 방황했다는 것이다. 그 탓에 아직도 도시 경영도, 국가 행정도 조금도 업데이트하지 못한 채, 4년마다 종이에 투표하는 19세기형 후진 정치를 답습하고 있다는 것이다.

"미래의 종언"이 흥미로운 텍스트인 것은 좌파와 우파, 진보와 보수의 정렬을 새롭게 맞추고 있다는 점이다. 산업혁명 이후 좌파는 늘 진보였다. 우파는 항상 보수였다. 200년 이상의 고착된 구도다. 그런데 21세기의 미국은 더 이상 그렇지 않다는 것이다. 좌파야말로 보수적이다. 변화를 싫어한다. 현실에 안주한다. 혁신에 굼뜨기 이를 데가 없다. 그들이 기득권이다. 언론과 대학과 정부를 장악하여 미국 전체의 정체를 초래하고 있다. 이제는 우파가 진보적이어야 한다. 진보적인 우파의 출현, 우파 진보주의를 도출하고 있는 것이다. 그 진보우파의 근거지로 삼아야 하는 곳이 바로 IT혁명의 수도, 실리콘밸리다. 20대에 학교를 개혁했던 틸은 30대가 되자 마을과 도시를 개조하고자 나섰다.

피터 틸

창건: 뉴 실리콘밸리

한철 밸리도 68 정서가 가득한 장소였다. 그 화신이 바로 1955년생 스티브 잡스다. 아이폰을 완성하여 선불교 정신을 디지털 제품으로 구현한 아이코닉한 존재였다. 내가 처음 스탠퍼드 대학과 실리콘밸리를 방문한 것이 2011년 11월, 늦가을이었다. 동아시아 냉전사를 연구하는 역사학과 박사과정이었던지라 기술과 기업과는 멀찍하던 시절이다. 그럼에도 스탠퍼드에는 중국 대륙과 대만, 인민중국과 시민중국의 자료를 풍부하게 소장한 후버 연구소가 있었다. 겸사겸사 실리콘밸리도 둘러보고 샌프란시스코도 구경했다. 때가 마침 공교로웠다. 그해 10월 잡스가 사망했다. 여전히 밸리는 마을의 심벌이었던 잡스에 대한 추모 분위기가 넘실대고 있었다. 잡스로 인하여 실리콘밸리는 '뉴에이지'라고 불리던 신시대로 들어섰기 때문이다.

'캘리포니아 이데올로기'라는 말이 있다. 1968년 이래의 반문화 감성에 1980년대의 신자유주의 시장을 결합하여 1990년대 이후 세계를 석권한 IT혁명의 사상체계다. 잡스는 히피였고, 채식을 고수했으며, 코뮌을 찾아 방랑했다. 인도와 일본 등 동양의 정신세계를 깊이 흠모했다. 청년 시절 그 정신적 탐구의 소산을 IT와 결합해 전 세계 소비자의 눈과 마음을 홀리는 탁월한 제품들로 완성해냈다. 수도자와 같은 자세로 기술과 예술이 완벽하게 조화된 작품을 빚어내는 비저너리였다. 즉 잡스는 비즈니스를 문화와 철학의 경지로 승화시킨 상징적인 인물이었다. 잡스로 말미암아 냉전 시대 군산복합체 기업이 즐비했던 어두침침한 실리콘밸리에 뽀샤시한 빛의 혁명을 이룬 것이다. 뉴에이지, 디지털 계몽 시대의 개막이다. 백인 남성 엔지니어만 득실거리던 냉전기 밸리에서 룰루레몬 요가복을 입은 여성이 늘어나고, 아시아 출신 프로그래머들이 주민의 절반에 육박하는 리버럴의 유토피아가 되어간 것이다.

2005년 잡스의 스탠퍼드 대학 졸업식 연설은 역사적이었다. 전 세계 수많은 창업가가 반복해서 돌려보았을 만큼 영감이 넘치는 영상이다. "Stay Hungry, Stay Foolish." 늘 갈망하라, 우직하게 나아가라! 잡스는 연설에서 68세대를 상징하는 잡지 〈홀 어스 카탈로그〉(Whole Earth Catalog)의 이 슬로건을 가장 중요한 가치로 언급했다. 21세기 초반의 실리콘밸리가 68의 자장 아래 있음을 보여주는 대표적인 장면이다. 1960년대의 반문화(Counter-Culture)가 1990년대의 디지털 문화(Cyber-Culture)로 전이되었던 것이다.

반골이자 반동분자인 틸은 잡스도 마땅치 않았다. 잡스가 만들어낸 밸리의 동도서기(東道西器) 시대를 탐탁지 않게 여겼다. 틸의 일생에서 가장 중요했던 2016년에 그는 뉴욕의 해밀턴 칼리지에서 졸업식 연설을 한다. 명명백백 11년 전 잡스의 연설을 겨냥하고 있었다. 헐크를 통하여 고커를 묻어버리고, 트럼프를 통하여 공화당과 공화국을 삼켜버렸듯이, 밸리의 뉴에이지도 끝장내고 싶어 했다. 잡스는 졸업생들에게 당신의 심장이 이끄는 대로 자유롭게 살라고 이르셨다. 반면에 틸은 절대로 마음 가는 대로 살면 안 된다고 충고했다. 마음을 다잡고 살아가라고 했다. 자유분방이 아니라 절제와 자제, 규율을 강조했다. 자신을 갈고닦아서 인생을 갈아 넣을 수 있는 이상향, 이데아를 찾으라고 했다. 잡스가 〈홀 어스 카탈로그〉를 인용했다면, 틸이 인용한 인물은 전설적인 모더니즘 시인(이자 파시스트) 에즈라 파운드였다. 파운드는 해밀턴 대학의 졸업생이기도 했다. 잡스가 'Stay Foolish'를 내세웠다면, 틸은 파운드의 시구절 'Make It NEW'를 차용했다. 잡스가 비즈니스를 문화로 승화시켰다면, 틸은 기술과 기업을 통하여 새로운 운동을 일으키고자 했다. 잡스가 창작자 크리에이터를 상징했다면, 틸은 창건자 파운더를 키우고자 했다. 아름다운 제품을 만들기보다는 이 세계를 새롭게 위대하게 건설하라는 것이다.

그래서 만든 것이 파운더스 펀드다. 잡스가 스탠퍼드에서 졸업식 연설을 했던 바로 그 2005년에 발족했다. 우상 파괴. 밸리의 동도서기 시대를 끝장내는 디지털-문화대혁명을 추구했다. 동은 동이요 서는 서, 그 이전의 벤처 투자 생태계와도 판이한 노선을 천명한다. 투자자는 창업자에게 자금을 제공하는 대신 경영을 지도하고 감독해온 것이 일반적이었다. 그러나 틸은 그렇게 훈수를 두는 투자 문화가 진정한 창조와 혁신을 저해한다고 여겼다. 창업자에게는 창조주와 같은 자유와 권한을 보장해주어야 한다. 누구도 간섭하지 않는 절대권력의 행사를 보호해주어야 한다. 즉 CEO 한 명 한 명을 절대군주로 키우고자 한 것이다. 절대적 권한이 있어야만 미래로 나아갈 수 있다. 의사소통에 능한 민주적 리더십으로는 여럿 중 하나에 그치기 십상이다. 의사결정에 탁월한 군주적 리더십만이 유일무이한 하나에 도달할 수 있다. 전권대사 모델을 활용하여 대담한 비전을 실천하고 실현할 수 있는 이단아들을 발벗고 찾아 나선 것이다. 얼마를 벌고 싶다고 말하는 이들은 처음부터 배제했다. 어떤 세상을 만들고 싶다며 떠벌리는 이들을 각별히 편애했다. 특히 '불가능'이라는 말을 들었을 때의 반응을 유심히 살펴보았다. 수용하고 안주하는 사람이 있고, 거부하고 도전하는 사람이 있다. 결정적 선택의 순간에 자질과 본질이 드러나는 것이다. Impossible is Nothing. 파운더스 펀드는 후자를 편파적으로 편들었다. 리버럴 빌리지를 분쇄할 절대주의 계몽군주들을 양성하는 반란군의 교두보가 된 것이다.

    스티브 잡스가 기술을 예술과 연결하여 프로덕트를 디자인했다면, 피터 틸은 기술에 정치를 결부하여 세상의 아키텍처를 새로이 설계하려고 했다. 돌아보면 1998년 틸의 첫 번째 창업이었던 페이팔부터가 기술과 정치의 결합이었다. 최초의 인터넷은행으로 온라인 결제서비스를 제공했던 페이팔은 중앙정부를 통하지 않는 금융혁명을 추구했다. 페이팔 초기 멤버 여섯 가운데 네 명이 미국 밖에서 태어났고, 세 명은 공산국가를 탈출해 미국에 왔다. 중국과 폴란드, 소련의 우크라이나 출신이었다. 그들 모두가 국가 없는 세상을 바랐다. 더 정확히는 국가의 권력이 최소화된 미래를 원했다. 그들은 모두 《크립토노미콘》, 암호를 해독하는 해커들이 등장하는 닐 스티븐슨의 SF소설을 사랑했다. 정부가 발행하는 지폐는 공산주의와 자본주의를 막론하고 인쇄술 시대의 낡은 기술이다. 워싱턴과 월스트리트는 종이호랑이로 전락한 '문서 벨트'(Paper Belt)를 상징한다. 돈이 정부와 종이에 묶여 있는 한 새로운 세상을 만들어갈 수 없다. 페이퍼 거번먼트는 최소화하고, 디지털 거버넌스는 최대화해야 한다. 2008년 파국적인 세계 금융위기를 맞고 나서야 등장한 비트코인을 예지했던 것이다. 페이팔이야말로 가장 일찍이 달러를 대체하는 디지털 통화를 만들고 싶어 했다.

즉 페이팔을 이베이에 매각하고 손에 쥔 거금을 가지고 출범시킨 파운더스 펀드는 뼛속까지 정치적 프로젝트였다. 이름부터 정신을 표상한다. 브랜드가 곧 정체성이다. 실제로 틸과 동료/동지들의 일과도 독서를 하고 체스를 두며 정치를 토론하는 것이었다. 만약 우리가 새로운 나라를 처음부터 다시 만든다면, 어떻게 구조를 짜고 제도를 설계할 것인가를 늘상 노닥거렸다. 마치 투자회사보다는 연구소나 싱크탱크에 더 가깝게 보일 정도였다. 그들이 해야 할 일이란 그저 돌연변이 같은 거친 원석을 찾는 것이지, 보석을 다듬고 닦으며 시간을 죽치는 것이 아니었다. 그래서 반골 기질의 괴짜 창업자들이 아무리 기이한 행동을 하더라도 퇴출시키지 않을 것을 결의까지 했다. 올해로 창립 20주년을 맞는 파운더스 펀드는 줄곧 이 원칙을 충실하게 고수해왔다. 실제로 이사회 표결에서 창업자의 반대편을 든 적이 단 한 번도 없었다고 한다. 그러함에도, 아니 바로 그러했기 때문에 최고의 실적을 거둘 수 있었다. 페이스북, 유튜브, 스페이스X, 에어비앤비, 스포티파이, 이더리움, 딥마인드, 팔란티어 등등. 철저하게 불간섭주의에 입각한 역발상적인 투자 방식의 타당성을 입증한 것이다. 패러다임의 전환, 1955년생 잡스에서 1967년생 틸로 세대가 교체되고 마을의 권력이 넘어갔다. 틸을 페이팔 마피아의 대부이자 실리콘밸리의 수괴라고 부를 수 있는 까닭이다.

    교주에게는 교도가 따른다. 어록을 정리한 교본이 만들어지고, 교주를 직접 알현하지 못하는 신도를 위한 정전이 되어간다. 그래서 발간된 책이 바로 《제로 투 원》이다. 틸이 자신의 창업자 겸 투자자로서의 경험을 스탠퍼드 대학의 후배들에게 수업한 내용을 갈무리한 책이다. 워낙 유명한 책이지만, 실은 부제('Note on

Startups, or How to Build the Future')에 이미 본심이 담겨 있었다. 창업자들의 자기계발보다는 '어떻게 미래를 건설할 것인가'에 방점이 찍혀 있다. 2014년 출판 이래 《제로 투 원》은 테크업계의 복음서가 되었다. 이 책을 공저한 틸의 사도 바울, 블레이크 매스터스도 애리조나의 하원 선거에 도전하며 정치인으로 등장했다. 1986년생으로, 1984년생 밴스의 후속타로 대기 중이다. 즉 뉴 실리콘밸리의 복음서가 MAGA의 복음과 합류하면서 MAGA 2.0, 뉴-아메리카의 여명이 밝아온 것이다. 매체의 창간과 회사의 창업에 이어 이제는 나라까지 Make it NEW, 창제하려는 것이다.

창세: 뉴-아메리카

중국이 중화를, 인도가 힌두를, 러시아가 유라시아를, 터키가 오스만을 고차원적으로 회복해가는 21세기를 나는 일찍이 '반전의 시대'라고 언명한 바 있다. 벌써 한 갑자, 12년이 흘렀다. 비서구가 자신의 근본을 되찾아 되살려가는 이 역-진보(Counter Progress)의 과정이 대반전(Reversal)이라면, 미국과 서구가 자신이 이루어낸 근대의 업적을 뒤로 물리고 부단히 갱생하는 투쟁은 '반동'(Reaction)이라고 할 수 있다. 그래서 내부에서 총질하는 이들을 가리켜 골수 반동분자라고 성토하는 것이다. MAGA 2.0, '제왕적 대통령'이라는 수사마저 떼어내고 진짜 제왕처럼 행동하며 난동을 부리는 트럼프는 실로 대반전 시대의 대반동분자다.

이 신반동주의(Neo-Reactionary Movement)는 인터넷 시대 최초의 철학이라고도 할 수 있다. 하버드 대학이나 〈뉴욕 타임스〉 등 동부에 자리한 인쇄-출판 시대의 문화적 아성에서 발기한 것이 아니다. 인터넷 커뮤니티를 진원지로 삼는 새로운 사상이다. 이들은 '자유주의 근본주의'의 질식할 것 같은 검열체제의 해방구를 다크웹(Dark Web)에서 찾아냈다. 〈레드 필〉(The Red Pill)이라는 사이트가 대표적이다. 영화 〈매트릭스〉를 차용하여, 자유주의에 세뇌당한 현대인의 뇌를 치유해주겠다는 목적으로 등장했다. 가상 속에서 살 것인가, 환상을 거두고 진실을 직시할 것인가. '레드 필'은 자유-민주-공화정이라는 미국의 환각과 기만을 고발하는 부호로 기능한다. 자유의 끝이 전혀 자연스럽지 않다는 것, 민주의 말로가 세상을 어지럽히고 있다는 것. 이제는 자유니 민주니 하는 것을 도무지 믿지 않음을, 아니 도저히 믿을 수 없게 되었음을 통렬하고도 통쾌하게 자인하는 것이다. 다시 말해 우리가 살고 있는 이 세계가 점점 더 좋아질 것이라고 하는 근대의 약속, 진보적 서사에 대한 근본적인 불신이며 급진적인 도전이다.

대반동 시대의 개막을 알린 2016년 11월의 그날 밤, 틸의 집에 모였던 소수의 정예사단 가운데는 커티스 야빈도 있었다. 미국의 유명한 블로거이자 소프트웨어 개발자다. 신반동주의의 기수라고도 할 수 있다. 멘시우스 몰드버그(Mencius Moldbug)라는 필명으로 'Unqualified Reservations'(무제한적 의구심)라는 블로그를 운영했다. 야빈은 '자유와 민주주의는 더 이상 양립하지 않는다'라는 틸의 테제에서 커다란 영감을 받았다고 한다. 선거는 표를 구걸하는 인기 콘테스트에 불과하며, 정치인의 질은 갈수록 떨어진다. 그들이 모자란 사람이어서가 아니다. 선거에 연연하니 구조적으로 시야가 좁고 단기적인 사고에 매몰될 뿐이다. 몇십 년을 내다보는 장기적 계획을 도저히 세울 수가 없다. 4년이란 무언가를 이루기에는 턱없이 부족한 시간이지만, 무언가를 망치기에는 한없이 충분한 시간이다. 그러니 그 4년이 모이고 또 모여 40년이 되자 세상은 더욱 나빠지고 만 것이다. 이대로는 근본적인 대책의 수립도, 전면적인 실행도 불가능하다. 이 치명적으로 무능한 시스템은 뉴 실리콘 밸리가 신봉하는 계몽군주적 리더십과는 아득히 거리가 멀다. 이러한 체제가 더 지속된다면 필연적으로 자유는 봉쇄될 것이고, 문명은 붕괴하고 말 것이다.

야빈이 블로그에 토막토막 단편적으로 올린 생각의 편린을 일관된 체계로 정리한 사람은 영국의 철학자 닉 랜드다. 2012년 장대한 분량의 《암흑 계몽》(Dark Enlightenment)을 발표한다. 이 또한 종이책으로 출판한 것이 아니다. 오픈소스, 인터넷에 공개했다.

프랑스혁명에 영향을 주고 그 후 민주주의를 배양한 계몽사상에 대한 가열찬 비판이다. 이성의 빛에 의한 진보라는 대서사가 말세의 대멸종 시대를 야기했다. 고로 다시 암흑의 시대가 되돌아올 것이다. 빛은 어둠을 이길 수 없다. 태초는 어둡다. 우주는 어둠이다. 빛은 반짝 일순이지만 어둠은 영원하다. 암흑이야말로 우주의 근원이며 자연의 근본이다. 저 하늘에 별이 총총 빛나는 것은 우주의 바탕이 어둡기 때문이다. 고로 인간은 진리의 빛이라는 교만을 거두고, 칠흑 같은 우주의 섭리에 복종해야 한다. 고로 이 음침한 암흑 계몽은 산업문명의 좌파도 아니요, 우파도 아니다. 공화당의 보수도 아니고, 민주당의 진보는 더더욱 아니다. 계몽을 격몽시키는 디지털 계몽령이며, 근대를 거슬러 올라가 다시 만난 세계, 중세로부터 무한한 영감을 얻는다.

    틸은 야빈이 창업한 스타트업에도 투자하면서 신반동주의가 실리콘밸리를 넘어 미국의 정치계로도 확산하는 데 적극적으로 기여했다. 트럼프의 수석전략가 스티븐 배넌은《암흑 계몽》의 애독자였으며, 부통령 밴스에게 야빈을 소개한 사람도 틸이다. 미국의 동부와 서부를 연결하고 아메리카와 유럽을 가로질러 대반동의 네트워크를 촘촘히 맺어왔던 것이다. 대서양을 마주 보고 유럽과 미국이 계몽주의 혁명으로 연동되었던 250년 전의 방향과는 정반대로 대반전하고 있는 것이다.

신반동주의는 일국일제, 즉 일국가 일체제도 부정한다. 일국 사회주의만큼이나 일국자유주의도 배격한다. 그들이 보기에 모든 현대 국가는 사상의 자유가 없는 독재국가다. 오로지 하나의 이념과 체제를 국시(國是)로 강제하기 때문이다. 고로 일당제와 양당제와 다당제는 하등의 차이가 없다. 중국은 공산주의를 강요하고, 미국은 민주주의를 강제한다. 다양한 인간 군상이 모여서 하나의 이데올로기 아래 살아가는 근대 국가는 태생적으로 불합리하다. 그래서 하나의 질서에 다양한 체제가 공존했던 왕년의 제국을 아스라이 그리워한다. 군웅이 할거하는 유사 봉건적인 도시국가 시스템을 국민국가 이후의 질서로 모색하는 것이다. 각각의 작은 도시국가가 하나의 기업처럼 작동한다. 위로는 CEO 군주를 앉히고, 아래로는 일종의 주주로서 주민사회가 작동한다. 군주는 주주=주민의 요구에 응답하기 위하여 도시를 운영하지 않으면 안 된다. 그렇지 않으면 시민들은 다른 유능한 군주=CEO가 다스리는 도시로 이주할 것이기 때문이다. 주식 시장의 거래와도 비슷하고, 유튜브 시장의 구독 모델과도 흡사하다. 더 멀리는 탁월한 군주를 찾아 주유천하하던 춘추전국시대도 연상시킨다. 또한 초원 지대의 유목 사회에 빗대어볼 수도 있다. 기업=도시들 간의 혁신 경쟁으로 일국일제의 정치에 진정한 '민주'를 주입하자는 것이다. 이제 국민에서 해방된 시민과 주민들이 진정한 자유를 찾아서 유동하게 될 터이다.

    신반동주의는 이 현상에 '출구'(Exit)라는 개념을 붙인다. 특정한 공동체와 국가에서 자유롭게 이탈하여 노마드적으로 다른 공동체와 도시국가로 이동할 수 있는 출로다. 이는 민주주의에서 강조하는 '보이스'(Voice)와는 대조적이다. 국민은 현재의 정권에 불만이 있으면 목소리를 높인다. 집회를 열고 거리를 행진한다. 반면 신반동주의가 제창하는 유사 봉건제도에서는 불만이 있으면 그 공동체를 떠나버리면 그만이다. 단톡방에서 조용히 나가는 것이다. 굳이 어울리며 얼굴을 붉힐 이유가 없다. 실제로 신반동주의자들은 캘리포니아와 실리콘밸리를 점점 탈주하고 있다. 텍사스 오스틴으로의 이주 행렬이 부쩍 길게 늘어지고 있다. 파운더스 펀드는 플로리다 마이애미로 옮겨갔으며, 팔란티어는 콜로라도로 엑시트한 적이 있다.

    태생적으로 마을=기업=자치를 선호하는 이들이 꿈꾸는 유토피아는 국가도 은행도 필요로 하지 않는다. 마을 회의나 시민의회 등 주민자치 또한 손사래를 친다. 오로지 단 하나, '수학'이라고 하는 우주에서 가장 아름답고 단순한 원리에 의해 지배되는 체제를 염원한다. 우주를 관장하고 관통하는 보편적 법칙에 귀의하기를 소망한다. 인간들의 인위적인 판단과 어설프기 짝이 없는 협의와 합의로 작동하는 민주주의는 너무나도 구태의연하다. 그 모든 인간적 오류가 거듭된 오작동을 반복하고 있기 때문이다. 고로 우리에게는 탈인간적 시스템, 바꿔 말해서 자동화 프로그램이 민주주의를 배제해가는 수학의 왕국이 필요하다. 인간이 스스로 다스릴 수 있다는 낭만적 휴머니즘에서 벗어나서 탈정치화 프로그램을 장착하자는 것이다. 제발 너 자신을 알아, 인간을 만물의 영장에서 끌어내리고 이성의 왕좌에서 몰아내자는 것이다. 법의 정신, 법학을 대신하여 우주의 법칙, 수학을 불러내는 것이다.

그리하여 이러한 급진적 반동주의는 신묘하게도 나날이 신학의 요청과도 흡사해지고 있다. 진리 추구보다는 섭리에 귀의한다. 입법-사법-행정의 삼권분립이 아니라 수학-법학-신학의 삼위일체를 희구한다. 견제와 균형이 아니라 지고의 권력에 눈을 감고 무릎을 꿇으며 아멘, 하고 기도를 올린다. 하여 뉴-아메리카는 미국 2.0이라기보다는 로마제국 2.0, 디지털 기독교 제국에 더 가까울지도 모른다. 태초에 말씀이 계시나니, 테크노-창세기, 미국판 원시반본(原始返本)이다.

[민주주의와 법치주의를 넘어서 코딩으로 운영되는 수학의 제국(Datacracy)을 만들고자 하는 물질개벽의 시도는 알렉스 카프를 통해서, 민국과 왕국을 넘어 신국(神國)을 탐구하고 있는 정신개벽의 풍경은 J.D. 밴스를 다루면서 더 자세히 논하겠다.]

물론 250년 하중의 미국 1.0, 올드 아메리카의 관성이 만만치 않을 것이다. 연방정부를 해체하여 중세풍 도시국가 체제(United Poleis of America)로 전환하려는 내란 선동은 자유민주공화국을 수호하려는 헌정 세력에 의해 진압될지도 모른다. 22세기의 디지털리스트와 18세기의 페더럴리스트(연방주의자)의 전면적 충돌이 내전을 촉발하고 미합중국의 붕괴를 야기할지도 모른다. 과연 역사가 증언하는바, 일국가 일체제가 300년 버티기가 녹록지 않았다. 그리스의 민주정도, 로마의 공화정도 결코 오래가지를 못하고 고꾸라졌다. 도리어 지상의 천국, 천년의 왕국을 지속한 것은 바티칸의 교황이 도덕적 권위로 훈시하는 중세였다. 과연 신중세가 도래할 것인가? 테크노-창세기의 복음이 자유의 여신상을 끌어내릴 수 있을까?

틸은 이미 또 다른 백업 플랜을 마련해두고 있다. 일찍부터 해상도시를 구상했던 바다. 바다를 떠다니는 인공적인 자치국가를 만들어보고자 했다. 지구의 70%인 바다는 육지를 점령해버린 민속풍 정치에서 완전히 벗어나 색다른 거버넌스를 실험해볼 수 있는 무주공산이다. 그래서 2008년 4월, 시스테딩 연구소(Seasteading Institute)를 세웠다. 소장으로 앉힌 이는 당시 서른네 살의 패트리 프리드먼이다. 전직 구글 엔지니어이자, 경제학자 밀턴 프리드먼의 손자이기도 하다.

그리고 하나 더, 뉴질랜드도 있다. 뉴질랜드야말로 태평양과 인도양 사이에 떠 있는 해상 도시국가, 율도국이 될 수 있다. 틸은 진작에 시민권을 취득하고 거대한 땅을 사두었다. 정녕 자유민주공화정이 이대로 장기 지속되어 미국이 폭망하고 문명이 붕괴하고 만다면, 뉴질랜드로 이주해서 인류의 리셋을 도모하려는 것이다. 그 뉴질랜드의 저택에는 패닉룸까지 갖추었다. 금괴도 모아두었고, 무기도 쌓아두었다. 핵전쟁, 전염병, 소행성 충돌, AI의 지배 등 근대 문명의 붕괴 이후까지 대비해둔 것이다. 틸은 수명연장 기술에도 어마어마한 돈을 투자하고 있다. 몰락 이후에도 기어코 살아남아서 기필코 신천지를 이루고야 말겠다는 신심과 야심이 징글징글하고 어질어질하다.

틸이 엑시트의 끝자락에 마련해둔 아지트가 뉴질랜드 남섬의 호수 도시 와나카다. 2020년 새해, 나도 두어 달 뉴질랜드를 떠돌면서 가보았던 곳이다. 너무나도 맑고 깨끗하고 투명하고 아름다운 장소라서 은퇴하면 이런 곳에 머물며 책 쓰면서 살면 좋겠다 여겼다. 이제 보니 틸이 투자하여 세계적인 기업으로 키워낸 에어비앤비를 줄곧 이용하며 다녔다. 지구법을 연구하기 위해서였다. 토착적인 원주민 사상에 입각해 타라나키산에도 왕거누이강에도 법적 권리를 부여한 신문명국가를 공부해보고 싶었다. 나는 지속가능한 문명을 탐구하기 위하여 뉴질랜드를 찾았는데, 틸은 문명 붕괴 이후의 재건을 도모하기 위하여 뉴질랜드를 점 찍었던 셈이다.

틸은 2009년 "자유지상주의자의 교육"(The Education of a Libertarian)이라는 글을 발표한다. 미래를 개척할 프런티어로 세 가지 방향을 제시했다. 첫째가 가상이요, 둘째가 해상이요, 셋째가 천상이다. 가상은 사이버월드이고, 해상은 수상도시이며, 천상은 우주를 가리킨다. 내가 여전히 지구법을 붙들고 지상을 전전하고 있을 때, 그들은 10년도 더 전부터 가상-해상-천상을 넘나들며 삼체 문명을 탐험하고 있었던 것이다.

틸 못지않은 천상계의 야심가가 또 한 명 있으니, 바로 일론 머스크다. 운명처럼 숙명처럼 페이팔을 함께 창립했던 바로 그 친구다. 동업자이자 라이벌로서 둘은 퍽이나 닮았지만, 또 한편으로는 너무나도 결이 다른 인간이다. 틸이 자숙에 익숙하다면, 머스크는 자학을 즐긴다. 틸이 리스크를 고려하여 분산한다면, 머스크는 리스크를 감당하며 극한까지 몰아붙인다. 틸이 작전을 짜는 전략가라면, 머스크는 앞장서서 돌파하는 선봉장이다. 틸이 전체를 바라보는 지휘자라면, 머스크는 선발대를 끌고 가는 선동가다. 틸이 투자자(Invest)라면, 머스크는 발명가(Invent)다. 머스크는 틸이 소시오패스라고 생각하고, 틸은 머스크를 사기꾼이자 허풍쟁이라고 여긴다. 두 사람이 페이팔을 매각하고 백만장자가 되었을 때, 머스크는 곧장 값비싼 경주용 자동차를 샀다. 틸을 조수석에 앉히고는 풀 액셀을 밟다가 교통사고를 내고 만다. 머스크는 아직 보험에도 들지 않았다며 어깨를 으쓱하고는 껄껄거렸다. 천성적으로 틸보다는 머스크가 트럼프와 더 잘 어울리는 사람이다. 끊임없이 X에 멘트를 날리고 유치한 밈도 포스팅할 수 있는 관종이야말로 디지털 민주주의에 친화적이다. 2016년 틸을 대신하여 2024년에는 머스크가 구원투수로 전격 등판한다. 정면 돌파에 능숙한 돈키호테가 총대를 멘 것이다.

머스크는 뉴질랜드 같은 레버리지를 도모하지도 않는다. 오히려 푸른 행성 지구의 대안으로 붉은 행성 화성의 개척을 상상하는 쪽이다. 살아생전 기필코 '화성의 제왕'이 되어서 우주의 암흑 속 붉은 대지 아래 하얀 뼈를 묻고 싶어 한다. 지구별 생명의 불꽃을 암흑 물질에까지 널리 흩뿌려서 찬란한 우주생명학을 창조하고 싶어 한다. 틸처럼 패닉룸에 숨어들어 지구의 재건을 플래닝(Planning)하기보다는 인류의 씨앗을 여러 행성에 플랜팅(Planting)하여, 신생 인류 X들의 우주문명 XXXXX들을 창발시키려는 것이다. 그는 멈추면 비로소 보이는 것에는 도저히 만족할 성미가 못 된다 멈추면 결코 볼 수 없는 것을 더 빨리, 더 많이, 더 멀리 보고 싶어 발정이 난 사내다. 브레이크 페달이 없는 그악한 초가속주의자이자 극단적인 초장기주의자, 일론의 질주를 탐구할 차례다.

1971년생. X는 머스크의 심벌이다. 2002년 서른한 살의 나이에 스페이스X를 설립한다. 지구라는 홈그라운드를 벗어나 새로운 은하문명을 건설하는 아주 먼 미래를 상상했다. 그 미지의 세계를 향해 가장 빠른 속도로 달려가는 것이 그가 살아가는 이유이자 목적이 된 것이다. 미국의 현실 정치에 개입하는 것도 궁극의 목적인 화성 개척에 복무하기 위해서다. 이 나라를 그냥 이대로 두어서는 살아생전 화성에 이르지 못할 것 같기 때문이다.

슈퍼노바: 인터스텔라와 스타워즈

X-MEN: 지평선 너머

    Beyond Horizon. 저 지평선 너머에는 무엇이 있을까? 무리를 벗어나 홀로 저 머나먼 곳을 지긋이 응시하는 녀석이 있었다. 더는 이곳에 머물 수가 없었다. 이미 초원은 삭막해지고 있었다. 더 이상 따 먹을 열매가 풍족하게 열리지 않았다. 기후가 격변하고 있었다. 땅은 척박해지고 살림살이는 팍팍해졌다. 무작정 안주하다가는 굶어 죽을 판이었다. 그럼에도 다들 기우제만 지내고 있었다. 안절부절못하며 발만 동동 구르고 있었다. 똘망똘망 호기심이 왕성한 그 녀석은 이 속수무책의 상황을 돌파해내고 싶었다. 저 멀리 저곳에는 무엇이 있을까? 그곳에는 여기보다 더 나은 환경이 있는 것이 아닐까? 심호흡을 하고 큰 용기를 내어 최초의 발걸음을 떼기 시작했다. 천 리 길도 한 걸음부터, 사바나 너머까지 성큼성큼 나아간 것이다. 옹기종기 에덴동산에서 살아가던 호미닌의 비약적인 도약이었다. 장대하고 위대한 여정의 시작이었다. 출애굽, 사막을 건너고 홍해를 지나 동아프리카에서 서유라시아로 이동한 것이다.

사바나를 지킨 이들은 씨가 말라버렸다. 반면 익숙한 고향을 버리고 미지의 미래에 도전한 녀석들은 널리 자손을 퍼뜨리고 세상을 이롭게 하였다. 그 홍익인간의 후손들은 유전자의 발현대로 더 멀리, 더 빨리 나아갔다. 유라시아를 횡단하고 베링 해협을 지나 아메리카를 남북으로 종단했다. 마침내 장엄한 남미의 파타고니아까지 눈에 담아, 선조들이 떠나온 아프리카의 킬리만자로를 추억했다. 내친김에 배도 만들어서 바다를 건너 호주와 뉴질랜드까지 도달했다. 옷을 두껍게 만들어서 북극과 남극에도 이르렀다. 동서남북 지상의 모든 대륙을 석권하며 지구의 지배자로 등장한 것이다. 야생동물을 잡아서 가축으로 삼았고, 야생식물을 길들여 곡물을 키웠다. 논밭과 농장 등 거대한 인공자연을 건설하여 대규모 농업 단지를 조성해갔다. 농업용수가 많이 필요했던 고로 커다란 강가에 정착하는 것이 유리했다. 자연 상태를 거부하고 자연 질서를 거슬러서 인류의 4대 문명권을 일군 것이다. 홀로세의 슈퍼히어로, 호모 사피엔스의 간추린 역사다. 10만 년 전 기후 격변에 임하여 동아프리카에서 탈출하여, 온갖 지혜를 짜내고 끊임없는 기술혁신을 일으켜 생존에 성공한 우리 종의 자랑스러운 자화상이다.

　1971년 남아프리카공화국에서 태어난 사내아이가 있었다. 나라는 어지러웠다. 아파르트헤이트, 흑백 인종 간 갈등과 분열이 그치지 않았다. 일상적으로 폭력이 난무하는 험악한 사회였다. 집안도 평안하지 못했다. 낳아준 부모는 서로를 사랑하지 않았고, 아버지는 어머니를 손찌검하고 아들을 학대하기 일쑤였다. 홈스위트홈(Home Sweet Home), 가화만사성(家和萬事成)은 딴 세계 얘기였다. 안식처가 되어주어야 할 가정이 편치 않았던 고로, 어려서부터 감정을 차단하는 방법을 익혔다. 공감 능력이 턱없이 부족했다. 집에서 터득한 생존의 기술은 학교에서도 거듭 말썽을 일으켰다. 아스퍼거 증후군, 친구들과 전혀 어울리지 못했다. 혼자서 멍 때리다가, 마주치면 거듭 다투었다. 자연스레 집단구타, 학교폭력의 타깃이 되었다. 집도 학교도 국가도 온통 편하지가 않았다. 온실 속 화초는커녕 허허벌판 잡초처럼 자란 것이다.

　그 15년의 경험이 일생을 규정짓게 된다. 조금도 안온한 일상을 즐기지 못한다. 편안하면 불안하다. 평온하면 불편하다. 극한의 도전과 극단적 혁신에 만성 중독이 되었다. 그악스러운 탐험이 일생의 DNA가 된 것이다. Unstable&Unstoppable, 불안정하고 억제할 수 없는 성정 덕분에 반평생 오십 줄에 일론 머스크는 사피엔스 역사상 최고의 부자가 될 수 있었다.

불우한 어린 시절, 유일한 탈출구는 가상세계였다. 책벌레, 열렬한 독서광이었다. 도서관 죽돌이였다. 사람의 감정과는 일찍이 담을 쌓은 고로 인간의 영혼을 깊이 탐구하는 세계문학전집은 취향에 맞지 않았다. 이 세계의 객관적 원리를 차갑게 밝히는 백과사전을 달달달 통달하여 조숙한 만물박사가 되었다. 탄탄한 기초 지식은 비약적인 상상력의 튼튼한 토대가 되어주었다. 머스크만의 독특한 문사철(文史哲)이 만들어진 것이다. 문학은 고전이 아니라 SF요, 역사는 고대-중세-근대 천 년 단위가 아니라 수십만 년, 수억 년 단위의 초장기주의요, 철학은 알파벳의 점진주의가 아니라 컴퓨터의 초가속주의다. 아이작 아시모프의 《파운데이션》을 탐독했고, 로버트 하인라인의 《달은 무자비한 밤의 여왕》을 열독했으며, 더글러스 애덤스의 《은하수를 여행하는 히치하이커를 위한 안내서》를 애독했다. 지구라는 홈그라운드를 벗어나 달나라와 별나라에 원정 가서 새로운 은하문명을 건설하는 아주 먼 미래를 상상했다. 그 미지의 세계를 향해 가장 빠른 속도로 달려가는 것이 그가 살아가는 이유이자 목적이 된 것이다. 20만 년 사피엔스의 DNA에 20년 디지털 혁명이 결합하자 137억 년 우주로 비상하는 테크노-프로메테우스가 탄생한 것이다.

10만 년 전 동아프리카를 탈출한 사피엔스는 철기(농업혁명)

와 전기(산업혁명)만으로도 이만큼이나 이룰 수 있었다. 총기(聰氣) 넘치는 AI와 생기(生氣) 가득한 로봇과 함께 펼쳐질 앞으로 10만 년은 얼마나 더 위대할 것인가 상상해보는 것이다. 아프리카를 떠나갔던 인류가 지구에만 안주하고 있을 리 없다. 우리의 유전자가 이미 그렇게 생겨먹지를 않았다. 사피엔스는 기필코 지구를 벗어나 집 우(宇) 집 주(宙), 우주를 새로운 터전으로 만들고야 말 터이다. 이는 Inevitable, 불가피한 미래다. 다대륙 종으로 진화한 인류가 이제는 다행성 종으로 진보하는 것이다. 지난 1만 년 대륙마다 인종이 갈라진 것처럼, 장차 1만 년 행성마다 상이한 신인류가 살아갈 것이다. 외국인에서 외계인으로 변모해가는 것이다.

그 위대한 첫걸음이 바로 화성이다. 태양계에서 지구와 가장 가깝고, 그나마 개중에 가장 엇비슷한 환경이다. 인류는 반드시 화성을 딛고 더 깊은 우주로 나아가야 한다. 나는 살아생전 반드시 화성에 가고야 말 것이다. 쉴 틈이 없다. 쉼 없이 달려야 한다. 일주일에 120시간을 일해도 여전히 부족하다. 갈급하다. 갈증이 가시지 않는다. 갈망이 불타오른다. 타는 목마름으로, 기술이여 만세를 부르짖는다.

이 무지막지한 목표를 달성하기 위해서는 어떤 난관에도 좌절하지 않는 불굴의 정신이 관건이다. 여기에는 PC게임이 크게 일조한다. 그는 독서광만큼이나 또 게임 오타쿠였다. 최초의 겜돌이

X세대다. 열 살에 처음 컴퓨터를 접한다. 그 당시 흔치 않았던 코모도어 VIC-20이라는 컴퓨터를 통해 독학으로 프로그래밍을 배우기 시작했다. 열두 살에는 비디오게임 '블래스터'도 개발하여 게임 잡지사에 판매하며 500달러를 버는 수완도 발휘한다. '시드 마이어의 문명'부터 '배틀 오브 폴리토피아'까지 제국과 문명을 건설하는 전략 게임도 두루 섭렵했다. 긴박한 상황에서도 그에게 원기를 불어넣어주는 것 역시 게임이다. 2022년 4월, 트위터 인수를 제안하기 직전까지도 그는 호텔에서 얼마 전에 출시된 롤플레잉 게임 '엘든 링'을 밤새워 플레이했다고 한다. 게임을 하듯 인생을 플레이하라. 지더라도 패배를 두려워하지 마라. 성장하고 싶다면 한계를 뛰어넘어라. 판을 키워 과감하게 행동하라. 게임을 통해, 세상에서 부딪히게 될 온갖 장애물에 대한 선행학습을 마치고 평생학습을 이어가는 것이다. 자연스레 실패에 대한 내성도 키웠다. 고로 머스크에게 게임은 현실의 도피처가 아니다. 더 높은 도약을 도야하는 도장이고 훈련장이다. 퀘스트(도전)와 클리어(달성), 게임은 평생을 지속하는 그의 정신 상태를 말해준다. 식음을 전폐하고 밤새워 게임하는 아이들처럼 그는 이번 생의 미션인 마션 정복을 위하여 밤낮없이 사업에 몰두하는 것이다. 그가 '게임을 다시 위대하게'(Make Game Great Again)를 웅변하는 까닭이다.

　소년기 책을 통해 인간의 언어로 호기심과 상상력을 키웠고,

청소년기 컴퓨터를 통해 기계의 언어까지 익혀 문제를 해결할 수 있는 기술을 배웠다. 청년기 이제 남은 것은 오로지 우주 진출뿐이다. 화성과 우주로 가기 위해서는 남아공부터 떠나야 했다. 18세 홀홀단신 캐나다를 거쳐 미국에 이른다. 미국은 반세기도 전에 인류를 가장 먼저 달에 도착시켜 성조기를 꽂은 위대한 나라였다. 펜실베이니아 대학에서도 물리학과 경제학을 전공한다. 물리학으로 우주의 근본 법칙을 탐구했고, 경제학으로 인간의 시장 원리를 파악했다. 사물의 원칙과 인간의 본성, 즉 물리(物理)와 성리(性理)를 결합할 수 있어야 지구와 우주도 연결할 수 있다. 아프리카에서 아메리카로, 남아공에서 미국으로, 그의 반평생은 인터내셔널과 인터콘티넨털에 그쳤지만, 남은 반평생과 아들 X와 인류의 후손들에게는 인터스텔라 시대를 열어주고 싶어 한다.

　농담이 아니다. 찐이다. 허풍이 아니다. 진심이다. 그는 진정으로 우주 시대를 개척하여 유니버스를 가이아의 정원으로 만들고 싶어 한다. 생명과 생각과 생활과 생산이라는 지구별 가이아의 유니크한 진화 코스를 코스모스 저 멀리, 더 널리 나누어주고 싶어 한다. 물리적 폭발 빅뱅(Big Bang)으로 별에서 온 우리가 이제는 딥마인드와 딥시크, 의식의 폭발 딥뱅(Deep Bang)으로 우주의 진화에 깊이 참여하는 것이다. 고로 지구가 곧 슈퍼노바(Supernova), 초신성(超新星)이 되어간다. 반세기 전 《가이아》를 쓴 제임스 러브록은 100세를 맞이하여 장차 AI와 함께 펼쳐질 우주 시대를 '노바세'(Novacene)라고 명명했다. '가이아 지구에서 가이아 우주로'를 유언으로 남기신 것이다. 생물학적 지능과 기계적 지능의 결합, 하이퍼-합성지능으로 노바세를 개창하고 있는 첫 번째 신인류가 바로 일론 머스크라고 하겠다. 은하수를 여행하는 히치하이커 일론은 진정 지난날 홍해를 건넜던 사바나 사피엔스의 후예다.

X는 머스크의 심벌이다. 1971년생, X세대를 넘어선다. 아들 이름에도 X가 들어가고, 페이팔과 합병했던 회사의 본디 이름도 X.com이었다. 우주항공 회사 이름도 스페이스X이며, 트위터의 로고도 비둘기에서 X로 바꾸고, X코퍼레이션으로 회사명도 바꾸었다. 그리고 인공지능 회사 역시 x.AI다. 그야말로 온통 X, X맨인 셈이다. X는 전통적으로 미지의 것, 탐구되지 않은 영역을 가리킨다. 그래서 무한한 가능성을 상징한다. 수학에서도 X는 미지수로 사용된다. 아직 해결되지 않은 문제를 나타내는 기호다. 또한 X는 두 가지 이상의 다른 요소가 만나는 교차점을 말하기도 한다. 이는 머스크의 사업 방식을 이해하는 단서가 되어준다. 인터넷, 에너지, 스페이스, 인공지능 등 서로 다른 분야를 연결해 혁신적인 결과를 창출한다. X는 이러한 꼭짓점에서 발생하는 시너지를 상징한다. 스타링크와 뉴럴링크 등 '링크'의 부호가 곧 X인 것이다. 또 X는 역사적으로 혁명적인 변화를 상징해왔다. 기존의 질서를 뒤집거나 새

로운 혁신을 도입하는 부적으로 사용되었다. 사반세기의 사업 끝에 마침내 정치혁명의 최일선에까지 이른 것이다.

물론 그의 목적은 겨우 4년짜리 임시직 어공, 대통령이 아니다. 지상의 권력은 무상하며 비루하고 하찮다. 가상의 힘을 빌려 천상의 질서를 새롭게 디자인하고 프로그래밍하고 엔지니어링하고 싶어 한다. 천문(天文)에 사람의 무늬, 인문(人文)을 새기고 싶어 한다. 미국의 현실 정치에 개입하는 것도 궁극의 목적인 화성 개척에 복무하기 위해서다. 이 나라를 그냥 이대로 두어서는 살아생전 화성에 이르지 못할 것 같기 때문이다. 고로 일론 머스크를 온전히 이해하기 위해서는 테슬라가 아니라 스페이스X를 진득하게 살펴보아야 한다. 실제로 페이팔을 매각하고 가장 먼저 만든 기업이 스페이스X였다. 테슬라는 그가 창립한 기업도 아니다. 투자자로 연을 맺었다가 회사 경영이 어려워지자 세 번째 CEO로 투입되었을 뿐이다. 고로 엑스맨 일론의 알파이자 오메가, 엑스파일은 오롯이 스페이스X에 담겨 있다고 해도 지나치지 않다.

X-FILE: 중력 너머

Beyond Gravity. 수평적 확산에 성공한 사피엔스는 수직적 확장에도 도전했다. 지상에서 천상으로, 2차원의 장악에 이어 3차원으로 도약한 것이다. 날아다니는 새를 흠모하고 연구하며 모방하고 실험했다. 20세기 라이트 형제가 최초의 비행에 성공한다. 지구의 힘, 중력을 거슬러 하늘을 주행한 것이다. 양발과 양손으로 지구를 점령한 사피엔스가 이제 양날개를 쥐게 된 것이다. 곧장 폭격기가 보급되어 전장의 모습이 전격적으로 바뀌었고, 여객기가 도입되면서 시장의 풍경 또한 전면적으로 재편되었다. 신출귀몰, 사람과 사물이 동에 번쩍 서에 번쩍 옮겨 다니는 신통방통한 신세계, 지구촌 시대가 열린 것이다. 사피엔스는 여기에 자족할 종이 아니었다. 더 높이, 더 멀리, 더 빨리 솟구쳐 오르려는 욕망이 더 많이 불타올랐다. 비행기는 여전히 지구에 머물 뿐이다. 고작 10km 상공을 날아다닌다. 우주는 100km를 돌파해야 한다. 우주 진출과 우주촌 수립은 신령스러운 신의 계획, 계시였다.

일론에게 신탁을 부여한 구루는 두 명이다. 첫째가 칼 세이건이다. 그의 베스트셀러 《코스모스》를 수십 번이나 읽었다고 한다. 무궁무진한 우주의 무수한 별들에서 무한한 가능성을 보는 무궁한 자아를 형성했다. "무궁히 살펴내어 무궁히 알았으면 무궁한 이 울 속에 무궁한 내 아닌가."(수운 최제우) 코스모스-사피엔스, 무궁아(無窮我)가 된 것이다. 두 번째가 스티븐 호킹이다. 그는 지구의 종말을 예견했다. 자원 고갈, 기후 격변, 핵전쟁, 슈퍼바이러스 확산, 화산 대폭발 등 수백 년 안에 지구는 불구덩이가 될 것을 예언했다. 인류가 다른 행성으로 이주할 수 있는 기간은 불과 100년밖에 남지 않았다고 경고했다. 1억 년 지구를 활보했던 공룡도 순식간에 멸종했던 바다. 현생 인류는 고작 1만 년 문명을 일구어왔을 뿐이다. 공룡보다 9999만 년이나 모자라다. 어서 우주로 나아가서 인류의 보험을 들어두라는 것이다.

10대에 세이건을 통해 무한한 우주를 배웠고, 20대에 호킹을 통하여 유한한 지구를 확인한 머스크는 2002년 서른한 살의 나이에 스페이스X를 설립한다. 지구에서의 인류 멸종을 방지하고, 다행성 종으로 인류를 진화시키는 SF적 상상력을 사업으로 전환한 것이다. 그 철학적·윤리적 기반을 '장기주의'(Longtermism)라고 한다. 장기주의는 현재와 가까운 근미래보다도 훨씬 더 먼 원미래를 도덕적으로 더욱 중시한다. 그래서 의사결정에서도 30년 후 다음 세대만이 아니라, 3천 년 혹은 3만 년 후에 살아갈 무수한 인류를 우선시한다. 즉 우리에게 열린 미래는 우리가 걸어온 과거보다 훨씬 더 길 것이며, 길어야 하며, 길게 만들고야 말 것이라 다짐하는 것이다. 현재에 임하는 그런 자세와 태도가 있어야만 비로소 미래를 개척할 수 있다고 여기는 것이다. 오늘 우리의 판단과 행동과 결정이 수억 년 후까지 불가역적인 영향을 미치기 때문이다. 그 머나먼 후손과 무한수의 후예들에게 밝은 미래를 선사해주기 위해서는 지금 우리가 해야 할 일이 너무나도 많다. 워라밸 운운하며 한

가하게 휴식과 휴일과 휴가를 즐길 여유가 없다. 선조로서 이는 무책임하고 비윤리적인 일이다. 우리의 선택은 곧 일파만파 우주적 효과를 가져올 것이기 때문이다.

그래서 만들어진 신조어로 '테스크리얼'(TESCREAL)이라는 말이 있다. Transhumanism(초인간주의), Extropianism(외향주의), Singularitarianism(특이점주의), Cosmicism(우주주의), Rationalism(합리주의), Effective Altruism(효과적 이타주의), Longtermism(장기주의)의 머리글자를 딴 것이다. 실리콘밸리의 억만장자들이 신봉하는 새로운 사상체계다. 이 7대 조류를 총합한 총아가 바로 일론이라고 하겠다. 머스크를 상징하는 테슬라와 리얼리스트를 합하여 이들을 테스크-리얼리스트(Tesc-Realist)라고도 칭한다. 산업문명의 좌파진보 혁명가 체 게바라는 "리얼리스트가 되자. 그러나 가슴속에는 불가능한 꿈을 가지자"라고 했다. 디지털 문명의 우파진보 혁명가 일론 머스크는 "불가능은 없다. 꿈꾸는 대로 이루어지리라", 테크노 복음을 설파한다.

장기주의자는 느긋하지 못하다. 긴박하고 촉박하다. 내가 오늘 보내고 있는 한 시간의 가치가 무한정한 무게를 지니기 때문이다. 잠자는 시간 외에는 우주적 소명에 올인한다. 수면 시간을 아낄 뿐만이 아니라 꿈속에서도 일을 할 것이다. 머스크는 여타 억만장자처럼 근사한 저택에서 안락하게 생활하지 않는다. 공장 바닥에서 널브러져 자고, 사무실 책상에서 웅크리고 잔다. 하루에 1달러로도 충분히 살아갈 수 있음을 실험해본 적도 있다. 그가 천문학적인 돈을 버는 단 하나의 이유는 오로지 천문학적 문명을 건설하기 위해서다. 응당 회장실의 푹신한 소파에 앉아서 서류로 된 보고만 받을 수도 없다. 현장파다. 직접 수석 엔지니어가 되어서 로켓을 손수 디자인하고 제작한다. 대량의 항공우주공학 서적과 논문을 읽으며 관련된 지식과 기술을 습득하여 공장에서 직원들과 실물로 구현한다.

스페이스X는 지구가 화성과 가장 가까워지는 주기인 26개월마다 10만 명의 인원을 1000대의 대형 로켓에 100명씩 탑승시켜 화성으로 보낼 계획이다. 이런 식으로 10회에 걸쳐서 총 100만 명을 보내 정착지를 건설하려고 한다. 18세기 유럽의 기후 위기와 식량 위기에서 탈출한 난민과 이민자들이 만든 나라가 미국이다. 미국은 동부에서 서부로 끊임없이 프런티어를 확장해왔다. 이제는 화성까지 미국의 비전을 우주적으로 확산시키는 것이다.

2012년 LA 교외의 거대한 부지에 자리한 스페이스X 공장을 본 적이 있다. 샌디에이고에서 열리는 아시아학회에 참석하는 길이었다. 여전히 나의 관심은 아시아와 아메리카, 지구에 머물던 시절이다. 그럼에도 또렷이 기억에 남아 있는 것은 원체 부지가 넓어서다. 시속 100km 자동차로 가도 가도 계속해서 스페이스X 로고가 따라왔다(이 글을 쓰면서 팰컨 로켓 발사 중계를 유튜브로 보노라니 본사 일대를 직접 둘러보지 못한 점이 두고두고 아쉽다). 스페이스X 본사 안에는 투명한 유리로 둘러싸인 커다란 관제실이 있다. 관제실 앞에는 우주에서 귀환할 때 그을린 자국이 그대로 남아 있는 드래곤 화물선 1호기가 자랑스레 매달려 있다. 스페이스X의 특징을 한마디로 요약하면 수직 계열화. 기체 설비와 디자인, 소프트웨어 개발, 부품 제조, 기체 조립, 그리고 발사와 이후의 운용까지 그 모든 과정을 자사 내부에서 처리하는 경이로운 생태계를 구축했다. 우주복을 제작하는 봉제공장까지 있다고 한다. 그래서 그토록 드넓었던 것이다.

　과거 NASA가 우주 사업을 주도하던 시절에는 미국 각지의 여러 회사에서 가져온 갖가지 부품을 사용해 우주왕복선을 조립했다. 시간은 더 오래 걸렸고, 비용은 더욱 많이 들었다. 막대한 규모의 국가적 사업이었기에 국가 예산의 '민주적인' 분배가 작동했다. 미국 각 주의 힘 있는 상원의원들이 자기 지역에 제조 공장의 일부를 유치해달라고 끊임없이 입법 로비를 했던 것이다. 결국 여러 주에서 수많은 회사가 NASA와 복잡한 공급망을 맺게 된다. 하나의 우주왕복선에는 250만 개의 부품이 필요했다. 열 개 주에 산발적으로 흩어진 수많은 회사가 보조금을 받으며 사업을 영위한 것이다. 우주왕복선이 지구로 돌아온 다음에는 더욱 우스꽝스러운 풍경이 펼쳐졌다. 점검과 정비 작업을 위하여 미국을 횡단해야 했던 것이다. 로켓 엔진은 앨라배마주에서 정비하고, 고체 로켓 부스터는 유타주에서 점검하고, 본체는 또 캘리포니아의 LA에서 수리하는 식이었다. 커다란 왕복선 기체를 미국 각지로 싣고 다니면서 지구 유랑과 미국 방랑을 하지 않을 수 없었다.

장기주의의 소명을 초가속주의로 달성해야 하는 머스크는 이런 국가 주도의 우주 사업에 기겁하지 않을 수 없었다. 1분 1초가 아까운 사람이다. 사사건건 NASA와 충돌이 일어나지 않을 수 없었다. NASA는 철저한 계획을 중시한다. 만에 하나를 방지하기 위해 최대한 보수적으로 접근한다. 스페이스X는 치고 달리는 쪽이다. 작고 민첩하게 시도해보고 그 결과를 데이터로 삼아 끊임없이 진화를 추구하는 전략이다. NASA는 느리고 비쌌고, 스페이스X는 빠르고 저렴했다. 처음 로켓을 쏘아 올린 해는 창립 4년이 지난 2006년이었다. 인공위성을 실은 팰컨1 로켓은 발사 직후 엔진에 문제가 생겨서 바다로 추락했다. 2007년 두 번째 발사한 로켓은 궤도 진입에 실패했고, 2008년 세 번째 시도에서는 로켓 분리에 실패했다. 삼세판 3연속 3년의 실패, 스페이스X는 파산 위기에 몰렸다. 투자금이 바닥나고 회사가 바닥을 치자 머스크는 자기 돈을 들여서 네 번째 발사를 감행한다. 마침내 성공하여 로켓을 궤도에 올린 최초의 민간기업이라는 영예를 차지한다.

그러나 세간의 평가는 전혀 좋지가 않았다. 별처럼 별난 몽상가의 무모한 시도를 시장도 국가도 우려의 눈길로 바라보았다. 2015년에는 발사 직후 로켓이 폭발하여 화물선이 파괴되었고, 2016년에도 엔진 연소를 시험하던 로켓이 또다시 폭발했다. NASA는 실패를 거듭하는 스페이스X에 거듭 어깃장을 놓았다. 속도가 너무 빠르다며, 데이터를 좀 더 확인하고 싶다고 연신 제동을 걸어왔다. 민간기업 특유의 애자일하고 래디컬한 이노베이션에 국가기관이 묵직한 규제와 둔중한 제재로 응답한 것이다.

출로를 열어준 사람은 역시나 피터 틸이다. 스페이스X야말로 파운더스 펀드의 가치에 어울리는 기업이었다. 투자자로서 자금을 지원했을 뿐만 아니라 2016년 12월, 트럼프타워에서 열린 당선자와의 만남에 머스크를 불러들였다. 그 자리에서 차기 행정부는 NASA와 스페이스X의 협력을 심화해나갈 것을 합의한다. 스페이스X가 앞에서 이끌고 NASA가 뒤에서 지원하는 역할 분담을 이룬 것이다. 트럼프 1기 시절에 완성된 아르테미스 계획은 달 궤도를 도는 우주정거장 '게이트웨이'를 건설하는 것이다. 2025년까지 미국인 비행사를 달에 착륙시키겠다고 천명했다. 착륙선 개발도 스페이스X에 위임한다고 발표한다. 현재 스페이스X가 개발 중인 우주선은 달과 화성까지 비행할 수 있는 스타십이다. 2019년 12월에 창설된 우주군 또한 스페이스X와 무척이나 긴밀하다. 20세기 미·

소 간 우주 경쟁은 NASA가 주도했지만, 21세기 미·중 간 스타워즈는 스페이스X가 선도하는 것이다.

　달 정착과 화성 개척을 위해서는 자립형 정부를 구성해야 한다. 유럽에서 독립한 미국처럼, 지구에서 독립한 화성 정부를 만들어야 한다. 지구와는 다른 환경에서 살아남기 위해서는 자급자족할 수 있는 자원 관리가 필수적이다. 특히 자원을 효율적으로 관리하는 중앙 통제 시스템이 필요할 것이다. 물은 재활용되고, 에너지는 태양광 발전을 통해 생산되며, 식량은 폐쇄형 생태계에서 재배될 것이다. 이러한 자원은 모두 중앙에서 관리되며 주민들은 정해진 양의 자원을 배급받을 가능성이 크다. 또 자원 낭비를 최소화하고 자원의 사용량을 모니터링하여 효율성을 극대화해야 한다. 조개껍질이나 종이 화폐가 아니라 디지털 통화, 코인이 쓰일 것이다. 디지털 거버넌스가, 정보로 작동하는 정부가, 정부효율부(DOGE)가 필요한 것이다. 즉 화성을 인류의 제2의 고향으로 삼기 위해서는 정보=정부가 되는 22세기의 정치와 경제를 실험해야 한다.

　250년 전, 유럽과 미국은 대서양을 마주하고 서로의 혁명을 공유하며 산업문명의 정치·경제 제도를 건설해갔다. 앞으로 250년, 지구와 화성은 은하수를 마주하며 디지털 문명에 최적화된 정치·경제 시스템을 함께 만들어갈 것이다. 실은 머스크가 하고 있는 모든 사업이 다 화성 정부 건설을 위한 준비이자 실험이라고 할 수 있다. 테슬라와 솔라시티와 보링컴퍼니와 스타링크와 뉴럴링크와 x.AI까지, 만인과 만물과 만사를 하나로 연결(X)하여 미래의 우주생명문명 미지수 X를 화성에서부터 풀어내려고 한다.

X-BOX: 인간 너머

 Beyond Humanity. 테슬라는 전기차 회사라기보다는 에너지 회사다. 지속가능한 에너지 생태계를 구축하기 위한 방안 가운데 전기차도 하나 있는 것이다. 그래서 파워월, 파워팩, 메가팩 등 가정용 및 산업용 에너지 저장장치(ESS)도 만들고 있다. 또 태양광 패널과 태양광 지붕을 통하여 재생에너지도 생산하고 있다. 즉 전기차와 ESS와 태양광 패널을 연결하여 통합적인 에너지 솔루션을 제공하는 것이다.

 천상의 자원으로 지상의 에너지 문제를 해갈하기 위해서는 가상의 기술도 필요하다. 오토비더(Autobidder)는 AI 기반 소프트웨어 플랫폼으로 가상 발전소(VPP)를 운영한다. 이 AI 기반 가상 발전소는 태양광, 풍력, 수력 등 다양한 재생에너지 생산 방식의 출력을 동시에 모니터링하고 관리하여 전력 공급을 최적화한다. AI를 통해 과거의 소비 데이터, 실시간 전력 사용량, 기상 조건, 요일별 패턴 등 다양한 변수를 종합적으로 고려하여 미래의 에너지 수

요를 예측하고, 이에 맞춰 에너지 생산 및 소비를 조율하는 것이다. 따라서 테슬라 또한 스페이스X처럼 수직 계열화가 핵심이다. 전기차 생산시설부터 에너지 저장장치, 그리고 로봇과 인공지능에 이르기까지 모든 것을 자사 내부로 들여온다. 한마디로 테슬라는 세상의 모든 전기가 공기처럼 흘러 다니도록 만드는 종합 에너지 플랫폼이다.

테슬라의 공장도 물처럼 흐른다. 공장 전체가 하나의 유기체처럼 살아 움직이는 스마트 팩토리다. 머스크는 거대한 기가팩토리를 하나의 고성능 CPU칩으로 생각한다. 정보와 기술을 집적화하고 최적화하는 것이다. 실제로 스탬핑, 용접, 도장, 조립 공정이 물 흐르듯 이어지며 최적의 생산 효율성을 자랑한다. 기가팩토리 네바다는 공장 천장을 전부 태양광 패널로 뒤덮으며 에너지 자립을 완성하여 그 자체로 완전한 생태계를 구축했다. 2022년 4월 완공된 기가팩토리 텍사스는 그간 쌓아온 노하우가 집적된 결정판이다. 실제 생산 라인을 멈추지 않고서도 가상환경 속에서 원하는 결과를 얻을 수 있는 인공지능 스마트 팩토리가 되었다. 자동화된 공장이 자율적인 제품을 넘어서 자연스러운 작품의 경지에 이른 것이다. 고로 인공지능 기가팩토리는 산업문명의 쇳소리 나는 굴뚝 공장과는 전혀 판이하다. 사람의 개입은 최소화된다. 사람이 드물기에 사고도 잘 일어나지 않는다. 공장은 매끈하고, 공정은 미끈하다. 메커니즘(Mechanism)에 알고리즘(Algorism)이 장착되어 오르가니즘(Organism)에 도달한 것이다. 그래서 스스로 그러한 자연에 가깝다. 디지털 트윈으로 구축한 인공적인 무위자연(無爲自然)이다.

그 자동화된 자연, 인공적인 무위를 차량에서 구현하는 것이 오토파일럿(Autopilot)이다. 오토파일럿은 선박, 항공기 및 우주선을 자동으로 조종하기 위한 제어 시스템을 일컫는다. 테슬라의 오토파일럿은 차선 유지, 속도 조절, 자동 차선 변경, 주차 등 다양한 기능에서 운전자를 지원하고 보조한다. 주행 환경을 이해하고 적절하게 반응하기 위해 필요한 정보를 수집하는 데는 심층 신경망(Deep Neural Network)을 활용한다. 전방 카메라, 후방 카메라, 측면 카메라, 레이더, 초음파 센서 등 차량에 설치된 여러 센서로부터 데이터를 수집한다. 시각과 촉각을 총동원한 데이터를 심층 신경망이 분석하여 차량이 어떻게 움직여야 하는지 판단하고 결정하는 것이다. 이 과정에서 심층 신경망은 계속 학습하고 개선되며 오토파일럿의 성능을 향상시킨다. 즉 테슬라 차량 또한 죽어 있는 사물이 아니다. 감각과 이성을 탑재하고 있다. 전기로 움직이고 총기로 진보하며 생물처럼 진화하는 활물(活物)의 총체다.

오토파일럿의 궁극은 완전자율주행(FSD, Full Self-Driving)이다. 2025년 6월 선보일 예정이다. 2024년 4월 23일, 테슬라는 AI 기업으로 전환한다고 선언했다. 테슬라 차량이 자율주행 AI의 플랫폼이 되는 것이다. 전기차에서 껍데기만 로봇으로 갈아 끼우면 그게 바로 테슬라봇이다. 로봇의 두뇌가 될 컴퓨팅 칩은 완전자율주행을 구현하기 위해 개발한 칩을 그대로 활용한다. 자율주행차가 종합적으로 판단을 내려 운행하는 것처럼, 테슬라 로봇은 모든 곳에서 모든 것을 수집하여 모든 일을 해낼 수 있게 된다. 로봇과 로봇은 또 클라우드를 통하여 실시간으로 소통한다. 모든 돌발 변수에도 시시각각 반응하고 집합적으로 판단하여 최선의 결정을 내리는 것이다. 옵티머스 로봇이 본격적으로 출시되면 다양한 산업을 평정하게 될 것이다. 물류 창고에서 물건을 옮기고, 병원에서 환자를 돌보며, 재난 구호에도 투입될 것이다. 2030년이 되면 옵티머스가 자동차를 넘어서는 테슬라의 대표 상품이 될 것임이 분명하다. 마이카, 마이폰 시대를 지나 마이봇 시대가 개봉 박두다.

그러나 옵티머스가 수행해야 할 가장 중요한 미션은 역시나 달 탐사와 화성 개척 등 우주 진출이다. 인류가 지구 밖으로 나아가 우주생명문명을 창조하는 분야야말로 AI 로봇이 절대적으로 필요하다. 인공지능을 장착한 휴머노이드 로봇이 사피엔스의 반려가 되어 우주 탐사에 함께 나서는 것이다. 즉 테슬라 또한 궁극에서는 스페이스X의 사명에 복무하는 기업이라고 할 수 있다. 테슬라 타고 화성까지 가는 것이다.

머스크는 2023년에 별도의 AI 기업 x.AI도 세운다. 목표가 명확하다. 우주 이해라는 최종 목적을 달성하기 위해 AGI(일반인공지능)를 만드는 것이다. 그리고 여기에 뉴럴링크가 결합한다. 뉴럴링크는 사람과 활물을 연결(X)해 신인간 X를 만드는 프로젝트다. 인간과 AI를 통합한다. 인간의 뇌와 컴퓨터 간의 실시간 데이터 교환을 가능하게 하여 인간의 능력을 극대화하는 것이다. 인간의 자연적 진화는 인공의 기술적 진화를 따라갈 수 없다. 그대로 두어서는 도태될 뿐이다. 그래서 양자를 합치는 것이다. 인간과 기술의 경계를 허물고, 인간의 신체와 정신 능력을 무한대로 확장하는 것이다. 인간의 창의성과 직관적 사고는 AI의 연산 능력과 분석력을 결합함으로써 더욱 강력해질 수 있다. 기존의 오감 이상의 감각도 장착하게 될 것이다. 결국 사피엔스가 사이보그로 업그레이드되는 것이다. 휴먼에서 슈퍼휴먼으로 업데이트되는 것이다.

우리의 내장에는 지구의 진화를 기억하는 미생물이 함께 살아가고 있다. 마이크로바이옴(Microbiome)이 인간의 마음과 의식에 끊임없이 영향을 끼치며 공진화하고 있다. 앞으로 인간의 두뇌에는 우주의 진화를 축적하는 마이크로칩이 들어갈 것이다. 강철보다 강하다는 두개골에 구멍을 내어 뇌수와 은하수를 직접 연결하고 정보의 바다에 합류시키는 것이다. 미생물군 마이크로바이옴을 발견한 이후 생물학자들은 '10% 인간'이라는 신조어를 만들었다. 나의 9할이 미생물이요, DNA는 1할에 그친다는 것이다. 그렇다면 미활물군 마이크로테크늄(Microtechnium)과 함께하는 사이보그-사피엔스는 '1% 인간' 혹은 '0.1% 인간'이라고 해야 할지도 모르겠다. 내 속에 내가 아닌 것이 너무도 많아지는 것이다. 아니, 그 모든 것이 공생하는 총체가 내가 되어간다. 고로 나의 생각이라는 것도 생물과 활물과 인물의 총합이 될 것이다. 자연스레 개인주의, 자유주의, 민주주의 등 주체적 자아를 상정하고 성립되었던 근대적 세계관은 파편처럼 형해화하고 연기처럼 사라져갈 것이다. 그렇게 제물아일체(諸物我一體)의 경지에 들어가서 코스모스를 제집처럼 소요유(逍遙遊)하는, 137억 년 우주사에 없었던 천지개벽이 일어나는 것이다. 지평선도 넘고 중력도 넘어 이제는 인간이라는 한계도 넘어서, 전 우주적으로 소통하는 디지털-무궁아의 탄생이다.

그리하여 뉴럴링크는 다시 스타링크와도 연결된다. 스타링크는 지구 전역에 초고속 인터넷 서비스를 제공하기 위해 설계된, 우주 기반의 저궤도 위성 네트워크다. 우주기술과 인터넷의 경계를 허문 것이다. 천상과 가상을 연결함으로써 지구와 우주를 연동시키는 것이다. 결국은 화성 이주와 같은 대규모 우주 탐사를 실현하기 위한 기반을 마련하는 것이다. 고로 일론 머스크가 지난 사반세기 정력적으로 추진해왔던 모든 사업이 하나로 수렴하게 된다. 테슬라는 에너지 생태계를, 스페이스X는 우주 생태계를, 뉴럴링크는 신인류 생태계를. 대우주 코스모스와 소우주 브레인이 합류한다. 거대한 브레인 유니버스와 작은 스페이스 두뇌가 합일한다. 사람과 하늘의 하나됨, 인간과 우주의 합일됨. 테크노-천인합일로 우주적인 인간과 인간적인 우주가 공진화하는 인공우주(Artificial Universe) 시대가 열리는 것이다. 마침내 새 하늘이 열리고, 새 땅이 열린다. 지구에 한정되었던 3차원을 돌파하여 우주의 5차원으로 도약하고 비상하는 것이다. 시간(時間)과 공간(空間)에 묶여 있던 인간(人間)이 해방되는 것이다. 천지인(天地人)에서 우주인(宇宙人)으로. 이것이야말로 후천개벽이다. 선천(先天)은 지구였다. 후천(後天)은 우주다. 선천은 텍스트였다. 후천은 테크놀로지다. 선천 5만 년은 문자로 쓰였지만, 후천 5만 년은 코드로 짜인다. 노바세(Novacene), 후천에서 신인간이 신천지를 창조한다. 슈퍼휴먼의 슈퍼노바, 초인들의 초신성이 눈부시게 폭발한다. 이런 것이 빛의 혁명이다. 응원봉을 높이 들라!

　　화성에 도착한 신인류 X는 신문명도시 X-City, XITY에서 살게 될 것이다. 지구는 그 데이터베이스이자 테스트베드가 된다. 머스크는 텍사스 오스틴 근방에 신도시를 만들기로 했다. 그가 해왔던 또 다른 사업들, 보링컴퍼니와 하이퍼루프 등 모든 신기술이 총망라될 것이다. 지하에 땅굴을 파고 초고속으로 이동할 수 있는 교통 시스템을 구축하는 것도 결국 다른 행성에서 살기 위한 도정이고 도장이다. 클리어해야 할 퀘스트를 차례대로 격파해가고 있는 것이다. 행성 개조, 테라포밍을 마친 화성에서는 인공자연 속에서 자급자족하는 신사회질서가 작동할 것이다. 화성의 자원을 활용하여 식량, 물, 에너지, 주택 등을 제공하는 자율 시스템을 구축할 것이다. 폐쇄형 생태계에서 수경재배, 인공조명, 온실 등을 활용한 화성 농업 기술도 필요하다. 물을 전기분해하여 산소와 수소로 분리하여, 산소로는 호흡하고 수소로는 연료를 생산할 것이다. 솔라시티의 태양광 발전 시스템으로 전기를 생산하고, 테슬라의 태양광 패널과 에너지 저장 시스템으로 난방과 조명, 식량 생산을 보조할 것이다. 그리고 이 모든 과정이 FSD, 완전 자동화될 것이다. 즉 화성의 자연이란 이렇게 디지털 네이처가 될 것이다. 지구의 대기와 대양의 흐름처럼, 빅데이터가 도시의 만물을 흘러 다니며 의사소통과 의사결정을 자율화할 것이다. 자율주행을 하는 것도 결국 자율행정을 완성하기 위해서였다. 아무도 다스리지 않지만 스스로 그러한, 새 질서를 창조하는 것이다. 인간적이기보다는 자연적이고 우주적인 신질서가 되어갈 것이다. 마침내 신의 질서에 근접해지는 것이다. XITY는 신들린 시티, 신시(神市)에 방불할 것이다.

 20만 년 전, 네안데르탈인과 공존하던 사피엔스의 평균 수명은 20세였다. 20세기 초, 인류의 평균 수명은 44세였다. 20만 년이라는 긴 시간 동안 고작 24년이 증가한 것이다. 하지만 지난 백 년 진화 과정에 가속도가 붙는다. 21세기 초 평균 수명은 80세에 육박한다. 2050년이면 100세가 될 것이고, 2100년에는 120세로 예상한다. 22세기 우주로 나아가면 시간의 차원도 달라진다. 행성마다 시간은 다르게 흐른다. 5차원 우주에서 천년 만년 산다는 것이 허언이 아니게 되는 것이다. 즉 자연스러운 수명이라는 것은 없다. 생과 멸은 그 기원에서부터 기술과 함께 진화해온 것이다. 그것이 진정 '자연스러운 것'이다. 즉 인위적인 진화야말로 '인간적인 것'이다. 우리가 타고나고 물려받은 생명과 생존의 본능(Nature)이다.

250년 전, 산업혁명의 모든 기술은 유럽에서 만들어지고 있었다. 산업국가를 만들 수 있는 정치적 사상도 유럽에서 형성되고 있었다. 그러나 앙시앵레짐에 묶여 있는 구대륙은 그 기술과 사상을 최적화하여 조합한 신문명을 일굴 수는 없었다. 그것을 이룬 나라는 도리어 신대륙의 신세계 미국이었다. 250년 후, 미국은 디지털 혁명의 모든 기술을 가장 먼저 선보이는 혁신의 나라다. 디지털 사회를 조직할 수 있는 사상도 가장 먼저 등장하는 국가다. 그러나 그 기술과 이념을 최적화하여 초신문명을 일구는 데는 한없이 지체되고 있다. 워싱턴과 월스트리트로 상징되는 앙시앵레짐이 산업문명에 최적화되었던 자유-민주-공화정을 수호하고 있기 때문이다. 도리어 신문명도시 X와 신문명국가 XX를 향한 질주에서 테크노-차이나, 중화인민공화국이 무섭게 치고 올라오고 있다. 2024년 6월 2일, 중국국가우주국(CNSA)은 창어 6호가 인류 최초로 달의

일론 머스크

뒷면에 도착했음을 발표했다. 오성홍기를 꽂고, 가운데 중(中) 자도 달의 표면에 새겨 넣었다. 천문에 아로새기는 최초의 인문이 알파벳이 아니라 한자가 된 것이다. 비상시국이다.

머스크는 더 이상 사업가로 안주할 수 없었다. 한 달 후인 2024년 7월, 미국 대선에 본격 등판한다. 총격에서 살아남은 트럼프를 지원하기 위해 아낌없이 돈과 시간을 쏟아부었다. 이대로는 그의 모든 사업체가 중국 기업에게 밀릴 판국이다. 그가 해온 모든 비즈니스에서 중국 기업들이 인해전술처럼 우후죽순 강력한 라이벌로 등장하고 있다. 솔라시티, 태양광 에너지는 이미 뒤처졌다. 전기차 테슬라도 전세가 역전되고 있다. 이제는 필생의 숙원인 우주사업까지 뒤처지고 있는 것 같다. 미국과 중국 사이의 기술 패권 경쟁에서 골든 크로스를 지나고 있는 듯 보인다. 가만히 있을 수가 없었다. 나라부터 바꾸어야 했다. 미국을 다시 위대하게 만들어야 했다. 트럼프와 함께 새로운 골든 에이지를 열어젖혀야 했다.

트럼프는 취임식 연설에서 다 함께 화성에 가자고 했다. 화성에 성조기를 꽂자는 발어에 머스크는 환호성을 내질렀다. 마침내 일론의 소명이 미국의 목표가 된 것이다. 개인의 사명이 국가의 목적이 된 것이다. 중국보다 더 빨리 화성에 도착하기 위해서는 연방정부부터 뜯어고쳐야 한다. 워싱턴에 포진하고 있는 기득권 세력이 디딤돌은커녕 걸림돌이 되고 있다. 우주로 향하는 초가속적 기술전쟁, 스타워즈에서 승리하기 위하여 비상계엄을 선포한 것이다.

스페이스X의 로켓 이름 '팰컨'(Falcon)은 1977년 개봉한 〈스타워즈〉의 우주선에서 차용한 것이다. '창어'[항아(嫦娥)]는 중국 신화 속 월궁에 기거하는 달의 여신에서 따온 것이다. 천문을 향한 인문의 투쟁, 노바세를 창세하기 위한 미·중 간 속도 경쟁이 살벌해진 것이다. X와 中 간의 총력전 체제에 돌입했다. 평생을 기업 총수로 살았던 머스크는 이제 디지털 총통이 되기로 한다. 디지털 총력전을 진두지휘하는 디지털 총독부, DOGE를 살펴볼 차례다.

넥스트 레벨: 프로그램과 패러다임

넥스트 미디어: X

Media is Message. Currency is Community. 정권 접수에 앞서 미디어부터 인수했다. 정보의 흐름을 장악해야 정부의 권력을 창출할 수 있다. 아마존의 제프 베이조스는 〈워싱턴 포스트〉, 레거시 미디어를 인수했다. 하지만 머스크는 애당초 접근법이 달랐다. 신문과 TV 등 매스미디어는 더는 중요치 않았다. 산업문명 시내의 낡은 소통 방식이다. 지식과 정보는 더 이상 일방향으로 흐르지 않는다. 기껏해야 시민민주에 그치는 매스미디어로는 미래를 창조할 수 없다. 인민민주에 근접하는 소셜미디어를 인수한다. 막대한 자금을 들여 트위터를 사들인다.

파랑새가 지저귀는 트위터의 브랜드 가치는 200억 달러로 평가받을 만큼 인지도가 깡패인 회사였다. 구글이 '구글링'이라는 말을 만들어낸 것처럼, 트위터 역시 '트윗'이라는 말을 보편화시켰다. 애플도, 페이스북도, 마이크로소프트도 그런 수준에는 이르지 못했다. 애플링, 페이스부킹 같은 단어는 없다. 오로지 구글과 트위터만이 브랜드를 통하여 고유한 언어까지 창출한 것이다. 트위터는 만인이 곧 미디어가 될 수 있는 신시대, 디지털 아고라를 만들어낸 혁신의 상징이었다. 그런데 정작 트위터를 사들인 머스크는 "Let That Sink", 싱크대를 들고 본사에 입성했던 퍼포먼스처럼 파랑새를 가멸차게 파묻어버린다. 그러고는 자신의 아이콘이라고 할 수 있는 X로 재편한다.

다시 한번 강조컨대, 머스크가 하는 모든 일의 궁극에는 화성 진출과 식민지 정부 건설이 있다. 그가 '화성의 제왕'(Emperor of MARS)이라는 닉네임을 처음 붙인 곳도 트위터였다. 펜실베이니아에서 트럼프 찬조 연설로 처음 등장하여 배꼽이 훤히 드러날 만큼 깡총깡총 뛰어다닐 때도, 그가 입은 티셔츠에는 백악관이 아니라 '화성 점령'(Occupy Mars)이 새겨져 있었다. 어디까지나 미국은 화성으로 가는 징검다리일 뿐이다. 그리고 저 은하수 건너의 화성 정부가 미국의 연장선일 리도 없다. 미국인 연합이 아니라 지구인 회합일 것이기 때문이다.

화성에 이주하는 이들은 지구에서도 가장 호기심이 왕성하고 모험심이 넘치는 괴짜들일 것이다. 만국의 만인 가운데 천지인에 머물지 않고 우주인으로 진화하고자 하는 예외적인 사람들일 것이다. 스페이스 오디세이를 통해 사피엔스에서 사이보그로, 품종이 개량된다. 생리적으로, 정신적으로, 철학적으로 인류는 변해갈 것이다. 후천개벽의 신인간, 지구의 챔피언들이 아니라 우주의 챌린저들이다. 그들이 겨우겨우 화성까지 이르러서 또 하나의 미국을 만들 리가 없다. Brave New World, 멋진 신세계! 신천지를 만들고자 할 것이다. 응당 달러를 사용하지도 않을 것이다. 해밀턴이나 프랭클린의 초상화가 새겨진 지폐를 쓰지 않을 것이다. 바다가 없는 고로 조개껍질도 없을 것이며, 나무가 없는 고로 종이 화폐를 쓰지도 않을 것이다. 오로지 비트와 바이트, 정보로만 작동하는 디지털 화폐를 통하여 22세기의 신경제를 실험할 것이다. 즉 인터스텔라 시대의 우주적 경제활동을 위한 미래의 화폐를 발명해야 한다. 새로운 돈이 곧 새마을, 우주촌을 발명하기 때문이다.

  X.com은 그래서 만들어진 기업이다. SNS의 정의를 바꾸는 시도였다. '소셜 네트워크 서비스'를 '스페이스 네트워크 서비스'로 진화시키는 것이다. 소셜의 범위를 유니버스와 메타버스, 멀티버스로 확장하는 것이다. 다중우주에서 소통하는 슈퍼휴먼들의 슈퍼미디어를 만들고자 한다. 지상과 천상을 연결하는, 지구와 우주

를 링크하는 가상의 통화 시스템을 구축하는 것이다. 지상에서는 테슬라의 전기차와 로봇이 근두운(筋斗雲)처럼 스스로 다닌다. 천상에서는 스페이스X의 로켓과 드론과 우주선이 태양계와 은하계를 스스로 탐사한다. 가상에서는 스페이스 네트워크 서비스가 대기와 대양의 대류처럼 작동한다. 지상과 천상과 가상을 새로운 SNS, 즉 X로 연결하는 것이다. 머스크의 SF적 상상력은 늘 거대한 X-Universe, X-verse를 꿈꾼다.

트위터가 140자 텍스트 안에 갇혀 있는 신세였다면, 모든 것을 의미하는 X에서는 몇 시간짜리 영상도 자유자재로 올릴 수 있다. 콘텐츠의 확장성을 부가했다. 오디오/비디오 통화 기능을 도입하고 실시간 스트리밍 서비스도 강화했다. 여론조사업체의 가짜 여론이 판치는 마당에, 누구나 다양한 주제로 여론조사를 전 세계적으로 실시간으로 해볼 수 있는 기능도 추가했다. 구인·구직 플랫폼 기능을 추가하고, 암호화폐 결제 시스템도 도입했다. 모든 서비스에는 AI가 활용된다. 그록(Grok) 출시로 AI 기반 콘텐츠 추천 알고리즘도 개선했다. 실시간 번역 시스템을 고도화하는 데도 AI는 필수다. 이제 지구인 누구라도 모국어만으로 외국인과 소통할 수 있다. AR(증강현실)/VR(가상현실) 기능도 확장하여 메타버스와의 통합도 도모할 것이다. 다행성과 다중우주에서 살아가는 디지털-무궁아들에게 전천후 서비스를 제공하는 것이다. 유니버스의 종합

커뮤니케이션이자 스페이스의 통합 엔터테인먼트를 제공함으로써 코스모스 차원의 플랫폼이 되어간다.

　에브리싱앱, 일명 슈퍼앱은 중국의 위챗에서 영감을 받았다고 한다. 위챗을 만들어 '텐센트' 제국을 일군 마화텅(馬化騰)도 머스크와 동갑내기, X세대 1971년생이다. 위챗은 중국인의 모든 삶을 서비스로 제공한다. 위챗페이를 필두로 기차표나 항공권을 예약하는 교통 서비스, 영화와 호텔 등을 예매하는 예약 서비스, 스마트폰을 흔들어 주변의 이용자와 대화할 수 있는 랜덤 채팅, 중국판 인스타그램이라 불리는 모멘트(Moment, 朋友圈) 등 다양한 영역으로 확장하며 위챗 안에서 모든 일이 해결될 수 있도록 한다. 동남아시아에서는 그랩(Grab)이 돋보인다. 교통과 모빌리티로 출발하여 슈퍼앱으로 진화했다. 사업차 중국을 오가며 위챗을 사용했을 머스크는 그랩이 선보이는 모빌리티 서비스까지 눈여겨 지켜보았을 것이다. 지상의 테슬라와 옵티머스부터 천상의 스페이스X와 스타링크까지 코스모스 모빌리티에 활용될 우주적인 슈퍼앱으로 X를 진화시키는 데 아시아의 디지털 생태계가 크게 참조가 되었다.

　일론은 트위터를 인수하는 명분으로 '언론의 자유'를 내세웠다. 그 연장선에서 사용을 정지당했던 트럼프의 계정도 복원해주었다. X가 앞장서서 표현의 자유를 보호해줄 것이라 천명한 것이다. 어느덧 '민주파출소', 자유주의 근본주의가 사상의 자유를 가로

막고 있었기 때문이다. 지적으로 전혀 자유롭지 못한 분위기가 미국을 잠식해가고 있었다. '정치적 올바름'에 연연하는 자발적인 검열체제가 작동하고 있다. 머스크는 X만큼은 다양한 의견이 진정으로 자유롭게 교환될 수 있는 플랫폼이 되어야 한다고 강조했다. 오늘날의 상식과 뜨겁게 불화하는 불온한 생각들도 사상의 시장에서 유통되어야 한다. 가령 복고파의 암흑계몽주의나 신반동주의, 미래파의 테스크리얼(TESCREAL) 같은 이단적인 견해도 기탄없이 오고 가는 진정한 디지털 공론장을 만들어보고자 했다. 페이스북이 일상을 나누고 인스타그램이 인상을 공유한다면, X는 사상을 공개 토론하는 난장이 된 것이다. 그리고 이 디지털 공론장은 일국 단위로 한정되지 않는다. 국적과 인종과 종교와 성별에 구애되지 않고 전 지구적으로 의사소통을 한다. 20세기 일국적 매스미디어에서 21세기 지구적 소셜미디어로 진일보하는 것이다.

실제로 X는 글로벌 여론 형성에서 가장 강력한 영향을 미치는 플랫폼이 되었다. 단시간에 미국만이 아니라 유럽을 포함해 전 세계 정치 담론의 중심 무대가 되었다. 시대정신에 앞서 시대감각이 있다. 당신의 스마트폰에 X가 없다면 이미 시대착오를 범하고 있는 것이다. 이제는 〈뉴욕 타임스〉나 CNN보다 X가 훨씬 더 중요하다. 대선 기간 머스크는 X를 통해 하루 100개 이상의 트럼프 관련 게시물을 게재했다. 트럼프의 메시지를 널리널리 퍼다 나르는 메신저 격이었다. X를 통하여 MAGA 1.0의 전통적인 지지층에 머스크의 팬덤이 융합하여 MAGA 2.0으로 진화할 수 있었다. 머스크는 자신의 소소한 일상부터 중대한 사업 결정까지 실시간으로 X에 공유하며 폭발적인 인기를 모아왔다. 팔로어들은 일론의 머릿속에 함께 머물며 의사결정을 하고 기업을 경영한다는 기분을 느낀다. 기존의 은둔형 경영자와는 달리 머스크가 대중에게 크게 사랑받는 이유다. 그는 사람들의 입방아에 오르내리는 방법을 감각적으로 안다. 자신의 팬덤을 열광시킬 티핑 포인트도 정확하게 인지하고 있다. 트윗 하나로 수천 개의 언론사 뉴스가 생성되고, SNS를 타고 전 세계에 리트윗된다. 레드 MAGA 트럼프와 다크 MAGA 머스크가 X에서 만나 환상적인 원투펀치 콤비를 이루었다. 그 쌍두마차가 기존의 모든 레거시 언론을 후드려패고 기존의 정당도 몽땅 뒤흔들어대면서 새정치의 서장을 열어젖힌 것이다.

즉 트위터 2.0이 트럼프 2.0을 만들어내었다. X 2.0이 MAGA 2.0을 창출해내었다. 전 세계 2억 명의 팔로어를 확보하고 있는 머스크는 20세기형 인텔리겐치아가 아니다. 21세기형 인플루언서다. 일당백으로 그 모든 레거시 미디어를 이겨낼 수 있는 초강력 울트라 X맨이다. 지난 세기 인텔리겐치아는 책을 쓰고 논설과 칼럼을 발표했다. 새로운 세기 인플루언서는 포스팅을 하고 밈을 활용한다. 밈이란 모방을 통해 습득되는 문화 요소다. 유전자가 몸에서 몸으로 건너간다면, 밈은 뇌에서 뇌로 바로 옮아간다. 우주적인 진화에서도 DNA보다 Meme이 더 중요하다. 행성과 행성 사이 몸의 거리는 아득하지만, 뇌의 거리는 아차 하는 찰나로 수렴될 것이기 때문이다. 이심전심으로 일파만파, 우주적 파동을 일으킨다. 고로 밈은 22세기 다행성 간 정치와 경제와 문화의 디지털 DNA가 될 것이다.

트럼프도 두 번째 임기의 출발을 앞두고 밈코인을 발행했다. DOGE(정부효율부)에 앞서 도지코인이 먼저 있었다. 커런시(통화)가 커뮤니티를 만들어낸다. 머스크는 X에서 도지코인을 자주 언급했다. 그가 트윗을 날릴 때마다 도지코인의 가격도 급등했다. 특히 2021년에는 도지코인을 '인민들의 암호화폐'(Dogecoin is the People's Crypto)라고 추켜세우며, 가상자산의 대중화를 촉진했다. 자칭 도지 아빠(DOGE papa)를 자청한다. 도지코인의 심벌 이미지인 강아지는 2010년 일본의 한 유치원 교사가 키우는 반려견의 사진에서 비롯된 것이다. 영문 스펠링 'shiba dog'를 일부러 어설픈 느낌으로 살짝 바꾸어 시베도지(shibe doge)라고 쓴 것에서 도지코인이 시작되었다. 우리 식으로 치자면 멍멍이 혹은 댕댕이 느낌이다.

비트코인과 도지코인의 가장 큰 차이점은 발행량이다. 비트코인은 유한하다. 도지코인은 무한하다. 머스크가 도지코인을 낙점한 것도 그 무한성에 있다. 그래야 지구는 물론이요 화성을 포함한 우주적 경제활동에 사용할 수 있기 때문이다. 이미 작업이 가동 중이다. 테슬라 자동차도 도지코인으로 살 수 있게 한다. 테슬라 홈페이지의 결제창에는 도지코인 결제 코드가 숨어 있다. 즉 머스크는 X를 에브리싱앱(Everything App)일 뿐만이 아니라 에브리웨어앱(Everywhere App)으로까지 확장하고 싶어 한다. 지구와 달 사이에서 메시지를 주고받고, 달과 화성 사이에서 돈과 물건을 주고받으며, 화성과 지구 사이에서 화상 통화를 하며 우주생명문명의 진로를 토론하는 후천개벽을 꿈꾸는 것이다. 이 모든 활동에 필요할 코스모스 커런시로 도지코인을 점 찍은 것이다. 실제로 2028년 화성에 가는 스페이스X의 우주선 티켓 구매도 도지코인으로 할 계획이다. 그래서 스페이스X의 로켓 발사 실험의 결과에 따라서 도지코인의 가격도 춤을 춘다.

과연 원화의 세종대왕도 아니요, 위안화의 마오쩌둥도 아니며, 엔화의 후쿠자와 유키치도 아니다. 시바견 강아지, 댕댕이의 얼굴이 지구의 상징으로도 제격이다. 5만 년 전, 야생의 늑대가 자연 질서를 거부하고 인류의 반려가 되기를 선택함으로써 친근한 개로 진화해갔다. 지구 안에서 인간과 늑대의 공생이, 오늘날 침실까지 나누어 쓰는 400여 종의 강아지로 진화한 것이다. 이제 인류가 우주로 진출하여 다행성 종으로 진화하기 위한 결단을 앞두고 있다. 야생을 고수한 늑대는 멸종의 위기에 처했다. 인간의 반려가 되기를 결정하고 개로 진화해간 울프의 실존적 선택에서, 사피엔스 또한 배울 점이 적지 않을 것이다.

　　MAGA 1.0과 MAGA 2.0 사이에도 코인이 자리한다. 비트코인에 부정적이었던 트럼프 1기에 반하여 트럼프 2기는 미국을 가상자산의 수도, 크립토 캐피털로 만들겠다고 선언했다. 이로써 크립토 사피엔스, 가장 일찍이 가상세계의 가능성을 신봉했던 신천지의 신인간들이 MAGA 복음에 합류한 것이다. 코스모스 사피엔스(천상인)와 크립토 사피엔스(가상인)가 미국(지상인)의 환골탈태를 위하여 코-크 합작, 천상-가상 연합전선을 구축한 것이다. 그 공동전선으로 워싱턴의 페이퍼리스트와 페더럴리스트들을 축출하려고 한다. 디지털리스트와 토크노믹스, 신인류의 새마을은 밈코인 가격의 오르내림에 따라 극락과 나락을 왕생하며 천국과 지옥을 함께 경험한다. 가상경제로 울고 웃으며 기쁨과 슬픔을 나누는 끈끈한 천상의 공동체다. 돌아보면 도지코인이 가장 활황을 구가한 곳도 X.com이었다. 넥스트 미디어 X에, 넥스트 커런시 도지코인이 결합하면서, 넥스트 거버넌스로, 다 함께 레벨업한 것이다.

넥스트 파워: DOGE

　　People is Power. Power is Paradigm. Paradigm is Program. 트

일론 머스크

럼프도 머스크도, 워싱턴을 장악하고 있는 딥스테이트와 오래 불화했다. 트럼프는 집권 1기의 난맥상이 이 행정국가의 조직적인 저항 탓이라 여긴다. 인민민주로 선출된 자신의 지시를 듣지 않고, 행정 절차를 들먹이며 국정을 농단하고 4년을 버텨낸 숨은 실세들이 있었다. 의회를 점령한 민주당은 고위직 인사의 인준을 거듭 방해하고 탄핵을 일삼았으며, 연방수사국(FBI)은 러시아의 대선 개입 운운하며 정면으로 대통령에 맞섰던 바다. 이를 박박 갈며 복수혈전을 다짐한 트럼프 2기의 으뜸 과제 또한 반국가 세력 척결과 관료주의 해체다.

그 대수술을 집도하는 곳이 바로 정부효율부(DOGE)다. 정식 부처는 아니다. 의회 동의 없이도 설치할 수 있도록 외부 자문기구로 발족했다. 연방정부의 예산이든 인력이든 온갖 낭비 요소를 찾아내어 트럼프에게 직보하는 특수 조직이다. 머스크는 정부의 규제에 대해 트럼프 이상으로 할 말이 많은 사람이다. 전기차, 에너지, 우주발사체, 통신위성 사업을 비롯하여 사람 뇌에 칩을 심는 사업, 도시 아래 터널을 뚫는 사업까지, 그가 운영해왔던 모든 기업이 연방기관과 사사건건 다투어왔다. 테슬라의 자율주행은 고속도로교통안전국(NHTSA)과 충돌했고, 스페이스X는 연방항공국(FAA)과 항공우주국(NASA)과 불편했으며, 뉴럴링크는 식품의약국(FDA)과 불화했다.

워싱턴에 포진하고 있는 그 수많은 정부조직과 산하기관은 산업문명의 표준을 관장하는 곳이다. 머스크는 디지털 신문명을 개척하고 있는 초가속주의자다. 워싱턴과 실리콘밸리 사이의 그 타임래그, 산업문명과 디지털 문명 간의 지체가 답답하고 환장할 노릇이었다. 혼신을 다하여 미래로 달려가는데 영혼 없는 공무원들이 거듭 트집을 잡고 어깃장을 놓았다. 본인 사업체들의 진척을 늦추고 있을 뿐만 아니라, 궁극적으로는 미국의 경쟁력을 갉아먹고 있었다. 중국이 마냥 부러웠다. 당과 국가가 솔선수범하여 디지털 대장정을 펼치고 있는 테크노-차이나의 대약진 운동을 따돌리기 위해서는 필히 DOGE 같은 총독부가 필요했다.

본디 머스크는 제거에 탁월하다. 물리학과 경제학을 전공한 그만의 독특한 사고법 제1원칙을 모든 곳에 적용한다. 물리적 법칙이 최고의 효율성으로 구현될 수 있도록, 조직과 과정을 압축하고 단순화하여 재설계하는 것이다. 그래서 불필요한 것들을 집요하게 파악하고, 집착하듯 삭제한다. 부품이든 프로세서든 최대한 제거한다. 물론 사람도 제거 대상이다. 2022년 트위터를 인수하고 직원 80%를 해고하여 악명이 자자했다. Basic is Best. Simple is Perfect. 그악한 미니멀리스트인 것이다. 그 본색을 이제는 연방정부에도 적용하는 것이다. 철밥통 공무원 노동조합과도 일전을 불사한다.

머스크는 2024년 11월 20일, "정부 개혁을 위한 도지의 계획"이라는 글을 〈월스트리트 저널〉에 기고한다. 미국의 건국 이념으로 시작한다. "미국은 우리가 선출한 사람들이 정부를 운영한다는 기본 이념 위에 세워졌다. 그러나 오늘날 미국은 그렇게 작동하지 않는다. 대부분의 법적 명령은 의회가 제정한 법률이 아니라, 선출되지 않은 관료들이 만든 '규칙과 규정'으로 이루어지고 있다." 고로 DOGE의 목표는 셋이다. 규제 철폐, 행정 감축, 비용 절감이다. 디지털 기술을 활용해 불법적인 연방 규제를 적발하여 제거하겠다는 것이다. DOGE는 시한부로 활동한다. 2026년 7월 4일, 미국의 250번째 독립기념일까지 가동된다. 기고문은 이렇게 끝을 맺는다. "미국의 250번째 생일에 건국의 아버지들이 자랑스러워할 연방정부를 선사하는 것보다 더 나은 선물은 없을 것이다."

이 칼럼에서 헌법은 네 번, 건국의 아버지들은 두 번 언급된다. 실은 헌법을 만들어 미국을 세운 파운딩 파더들 또한 기술-정치가들이었다. 토머스 제퍼슨은 과학자이자 건축가였다. 산업문명의 신기술을 통하여 산업국가 미국의 미래를 설계했던 것이다. 즉 페더럴리스트들은 곧 인더스트리얼리스트이기도 했다. 이제 250주년을 맞아 전개되는 제2의 건국 운동은 디지털리스트들이 이끌겠다는 것이다.

세력 교체는 세대 교체를 수반한다. 패러다임 시프트는 레짐 체인지를 동반한다. 미국 재건 프로젝트의 중책을 수행할 핵심 인력 또한 이대남들이다. 19세부터 24세 사이, 여섯 명의 엔지니어들이다. New Kids on the DOGE. 모두가 21세기에 태어난 1020 신남성이다. 이들은 산업문명의 개발파=보수파도 아니요, 개혁파=진보파도 아니다. 천지개벽의 신기술을 장착한 개벽파다. 무릇 적폐의 청산은 칼을 든 검사를 동원해서 하는 것이 아니다. 칼춤의 끝에서 칼끝은 다시 자신을 찌른다. 하여 신천지 창조, 재조산하(再造山河)는 코드를 짤 수 있는 프로그래머들이 한다. 법 기술자들이 아니라 디지털 엔지니어들이 새 나라를 새롭게, 나라답게 만드는 것이다. 이들은 주 80시간 근무를 보수도 받지 않고 일한다. 오로지 위대한 미국을 재건하겠다는 열정과 열망으로 똘똘 뭉쳐 있다. 나라를 위해 일한다는 거짓말로 꿀을 빨아왔던 주 40시간 공무원들과는 전혀 다른 차원의 인간들이다.

아카시 밥바는 UC버클리의 경영·창업·기술 프로그램(MET) 출신이다. 메타와 팔란티어에서 인턴십을 하면서 천재적인 코딩 실력을 발휘했다. 에드워드 코리스틴은 고등학교를 졸업한 후 뉴럴링크에서 근무했다. 개빈 클링거는 AI 기업인 데이터브릭스에서 일했다. DOGE 합류 전에 "7자리 연봉을 포기하고 미국을 구하기로 결심했다"라는 글을 블로그에 게시했다. 콜 킬리언은 고주파 금융거래 및 알고리즘 회사인 점프트레이딩에서 엔지니어로 일했다. 이선 샤오트란은 컴퓨터과학을 공부했으며 오픈AI가 지원하는 스타트업 에너자이즈AI의 창립자다. 머스크가 후원하는 공모전인 '해커톤'에서 2위를 차지한 경력도 있다. 루크 패리터는 대학을 중퇴하고 스페이스X에서 인턴으로 일했으며, 현재는 피터 틸이 지원하는 펠로십에서 '틸 펠로'로 활동 중이다. 그는 2천 년 된 고대 그리스 두루마리의 텍스트를 AI를 이용해 해독한 첫 번째 인물로도 유명하다. 이 여섯 명의 신남성 모두가 피터 틸이 20/20 프로그램을 통하여 주창해왔던 '파운더'의 기질에 부합하는 것이다. 이 새로운 파운더들로 짜인 특공부대는 최상위 보안 등급을 획득해 정부의 모든 IT 시스템에 접근할 수 있는 권한을 쥐었다. 1020 새파란 녀석들이, 이놈의 연방정부라는 것이 그간 도대체 어떻게 작동해왔는지 X레이로 들여다보듯 그 속살까지 샅샅이 파헤치고 낱낱이 도려내는 역할을 도맡은 것이다.

이들이 DOGE를 통해 밝혀낸, 가장 낭비적으로 예산을 탕진하는 조직은 NGO였다. 하는 일도 없이, 혹은 해보았자 별 성과도 없는 일을 하는 무수한 시민단체에 피 같은 세금이 헛되이 쓰여왔다는 것이다. 종이로 작동하는 페이퍼 정부에서는 발견하기가 쉽지 않았다. 혹은 정부와 결탁된 광범위한 부패 카르텔의 일환이었다. 그러나 DOGE가 가동하고 불과 한 달 만에 돈이 어디에서 어디로 흘러가 어떻게 잘못 쓰이고 있는지 속속들이 파악할 수 있게 되었다. DOGE는 좌냐 우냐를 묻지 않는다. 정치적으로 올바르냐를 따지지도 않는다. 오로지 인풋와 아웃풋 사이의 상관관계를 계산한다. 입법-사법-행정이라는 법치(Rule of Law)도 시효를 만료한 구체제이지만, 제4부라고 했던 언론과 시민사회 또한 최악의 실적을 내는 기생적인 조직이었음이 만천하에 드러난 것이다. 리셋 아메리카, 자치(Rule of Code)를 통하여 국가와 사회가 작동하는 방식을 근저에서부터 근본적으로 재설계해야 한다.

이들은 마치 온라인 문명 게임을 하듯이 즐겁고 기쁘고 신나게 올드 아메리카를 작살내고 있다. 넥스트 레벨(Next Level), 도장 깨기 레벨업에 신바람이 난다. 돈을 한 푼도 받지 않아도 보람이 차고 넘친다. 고작 여섯 명의 슈퍼히어로가 캡틴아메리카 어벤저스를 이루어서 미국 연방정부 공무원 200만 대군을 대적하고 있다는 쾌감에 도파민이 솟구쳐 오른다.

흡사 석기와 철기의 싸움과 유사하다. 혹은 칼과 총의 전투와 비슷하다. 철포를 두른 장수 한 명이 돌도끼를 든 부족 100명을 너끈히 이겨낸다. 기관총 사수 한 명이 칼을 쥔 농민군 1000명을 사뿐히 능가한다. 페이퍼리스트와 디지털리스트 간 문명의 충돌 또한 이미 승패가 판가름 난 싸움이다. 머스크가 전기톱으로 연방정부를 썰어버리겠다는 퍼포먼스를 펼친 것처럼, 두꺼운 법전은 날렵한 태블릿을 이겨낼 수 없다. 개헌을 운운하는 백발 원로들도 노트북 하나로 신천지를 창조하는 개벽파들을 당해낼 재간이 없다.

일론 머스크

미래에 대한 정치적 상상력이 고작 산업문명의 OS(운영체계)인 헌법의 개정일 뿐이라면, 천상과 가상을 넘나들며 지상을 주무르는 디지털 손오공들을 감당해내지 못할 것이다. 종이 안의 문구를 바꾸는 개헌이란 고작 산업문명의 버전업에 그치지만, 코드와 알고리즘으로 세계의 작동 방식을 완전히 뒤바꾸는 일은 디지털 문명으로 레벨업하는 것이다. 광장에서 광야로, 차원을 변경한다.

이 신천지의 신인간들이 쥐고 있는 천부인(天符印) 삼신기(三神器)가 인공지능, 블록체인, 양자컴퓨터다. 이 셋을 합하면 왕권과 민권과는 차원을 달리하는 수준의 권능을 행사할 수 있다. 나날이 신권에 근접해간다. 정부라는 것도 더는 서류 더미 위의 딱딱하고 정적인 제도가 아니게 된다. 데이터가 피처럼 흐르는 살아 있는 유기체가 된다. 권력은 생명이 된다. 거버넌스도 생명체처럼 자라나고 성장하고 배우고 익히며 진화한다. 마침내 생태계와 가장 유사한 사회질서를 만들어볼 수 있다. 고로 DOGE는 비대화된 정부기구 축소, 딥스테이트 청산만으로 그치는 것이 아니다. 궁극적으로는 과잉 정치화된 인간을 정치로부터 해방시켜준다. 로봇이 공장에서 인간의 육체노동을 해방시키듯, 자율주행이 인간을 운전의 수고로부터 해방시키듯, 인지적 편향으로 오판을 거듭하는 인간을 정치적 노동에서 해방시켜주려는 것이다.

즉 정치로부터 인간적 버그를 최대한 제거해내는 것이다. 그리하여 진정으로 자유롭고 자연스러운 정치, '자치'(自治)에 근접해 가는 것이다. 농업문명에서 산업문명으로 갈 때는 군주의 목을 쳐야 했다. 그러나 산업문명에서 디지털 문명으로 이행하는 데 필요한 것은 참수가 아니라 참회다. 이성과 계몽의 빛에 눈이 멀어 교만했음을 자인하고 겸허해지는 것이다. 인류가 그런 도덕적 용기를 발휘할 수만 있다면 마침내 무위지치(無爲之治)를 선사받을 수 있다. 왕이 있는지 없는지도 모르는 쾌적하고 평화로운 세상, 신나고 신령스러운 태평성세를 서비스하는 것이다.

이 새로운 거버넌스에서 'Of the People, By the People, For the People'에 추가되어야 할 것은 'With the People'이다. 인민과 함께, 인민의 데이터가 필요하다. 투표라는 미개한 방식을 더 이상 고수할 이유가 없다. 정치 참여의 방법을 다양화, 민주화, 복수화 시키는 것이다. 그래야 비로소 연방정부 또한 '연방정보'로 진화해 갈 수 있다. 무엇보다 긴요한 것이 데이터의 연합과 연방이다. 그래야 재빠르고 똑똑한 스마트 행정이 가능하다. 그리고 그것이 바로 '생태적인 것'이다. 양자컴퓨터를 탑재하고 블록체인과 연동된 인공지능이 생태지능이 되어가는 것이다. 본시 생명도 정보다. 그 정보들의 다종다양한 조합으로 지구는 이토록 찬란한 생명계가 번창할 수 있었다. 그 다채로운 사람들이 살아가는 저마다의 삶을 빅데이터로 축적하면 우리는 일반의지(General Will)라는 딥데이터(Deep

Data)도 시시각각 추출할 수 있게 된다. 저 신성한 일반의지가 어디에서 어디로 흘러가는지 실시간으로 시각적으로 확인할 수 있다. 가히 신의 기술에 가까운 신기술이다.

고로 연도별 계획, 분기별 목표 등도 사라져간다. 5개년 발전계획을 짜는 것이 아니라 0.5초 단위로 서비스가 업그레이드된다. 사후에 대처하는 것이 아니라 사전에 예방한다. 자원 배분과 할당도 AI를 통해 최적화가 가능하다. 부처별 부서별 칸막이 정치도 없앨 수 있다. 인간들의 파워게임을 삭제하고, 말끔한 프로그램으로 탈바꿈하는 것이다. 그래야 업(業)의 본질에 집중할 수 있다. 생산성을 극대화할 수 있다. 정밀하게 목적을 달성할 수 있다. 각자의 삶을 인풋 해주기만 하면 정부는 개개인에 최적화된 맞춤형 행정 서비스를 아웃풋 해줄 수 있다. 사회계약을 새로이 다시 쓰는 것이다. 나 자신을 투명하게 보여주면 나를 위한 편의를 시시각각 제공한다. 그러니 우리는 자연으로 돌아가자.

앞으로 1년은 산업문명의 10년보다, 농업문명의 100년보다 변화가 더 크다. 매년매년이, 매달매달이, 매일매일이 그렇게 될 것이다. 초가속적 변화가 뉴노멀이 되고, 비상이 일상이 되는 것이다. 농업문명 귀족들의 지혜도, 산업문명 관료들의 경험도 의미가 작아진다. 그래서 역설적으로 관청과 법원 등 권위로 무장한 기관들도 해체해갈 수 있다. 그래야 예산으로 권력을 행사하는 기재부 마피아도 타도할 수 있다. 빅데이터를 통해 최적의 자원을 할당하고, 그 결과를 사전에 미리 시뮬레이션해서 예측할 수도 있게 된다. 행정 서비스는 내 체형에 딱 맞는 심리스 속옷처럼 편안해진다. 이음매도 없고 거슬림도 없다. 이 업무는 저쪽 소관이니 저기로 전화해보세요, 퉁명스러운 대답을 듣고 있을 까닭도 없다. 정부가 홀리스틱한 뷰를 갖추게만 되면 홀리한 서비스를 제공해줄 수 있다.

평생의 반려가 되어줄 친근한 마이 행정 로봇은 24시간 스트리밍 서비스를 제공할 것이다. 공무원처럼 9시 출근, 6시 퇴근도 없다. 공기의 흐름이 멈추지 않듯이, 물의 흐름이 끊김이 없듯이, 정치 또한 그러해지는 것이다. 마침내 인간의 질서도 에코 시스템에 근사해지는 것이다. 한순간도 쉼이 없는 생태계처럼 경계 없는 스트리밍 거버넌스가 온다. 누구나 마이 국회의원, 마이 장관, 마이 대통령을 가지게 된다. 마이 대통령은 평생을 트럼프일 수도 있고 오바마일 수도 있다. 만델라일 수도 있고 레닌일 수도 있다. 어차피 나와 마음을 나누는 아바타이기 때문이다. 4년마다 5년마다 대통령 일인을 뽑자고 만인이 죽기살기로 다툴 이유가 없다. 대통령은 그저 나와 나라의 정체성을 대변해주는 '상징 대통령'으로 족할 뿐이다. 〈스타워즈〉의 대사 한 대목을 인용하자면, "민주주의는 이렇게 끝이 나는군. 우레와 같은 박수갈채와 함께."

이것이 살아생전 화성의 제왕을 꿈꾸는 머스크가 그리는 미래의 민주주의다. DOGE를 통하여 미국부터 바꾸고, 결국 화성을 비롯한 우주의 새로운 거버넌스를 만들어내려 한다. 너무나도 담대하여 다크하고 볼드한 비전이다. 야심차다 못해 십자가를 지었다. 실제로 이미 유서도 써두었다고 한다. 제 손에 피를 묻히거나 아니면 제 피를 흘리겠다는 것이다. 그만큼 비장한 것이다. 이러한 대전환이 수반되지 않는다면 어차피 화성 정부 구현도 무망해질 것이기 때문이다. 살아갈 이유가 없어지는 것이다. 현재의 시스템으로는 화성 이주도 어렵겠지만, 화성에서도 19세기의 정치를 고수한다면 종으로서 인류의 미래는 암담할 것이기 때문이다. 인류세 불과 200년 만에 지구의 기후를 교란한 데 이어서 인류는 노바세의 우주 생태계까지 망쳐버릴지도 모른다. 머스크는 자녀들을 위해 직접 만든 미래학교의 이름을 '애드 아스트라'(Ad Astra), 즉 '별을 향해'라고 지었다. 14명 자녀의 아비 된 도리로서, 목숨을 걸고 새 별을 향하여 후천개벽의 신문명을 탐험한다.

    물론 녹록지 않아 보인다. 이미 선천의 앙시앵레짐, 페이퍼리스트=페더럴리스트의 저항이 만만치 않다. 스탈린식 대숙청과 내란 선동에 총반격 태세를 갖추고 있다. 다음번 충격은 트럼프가 아니라 머스크의 심장을 겨냥할 가능성도 크다. 그러나 정말로 만에 하나, 만분의 일의 확률로, DOGE가 불가능에 가까운 미션을 달성한다면 미국은 완전히 새로운 아메리카로 거듭날 수 있을 것이다. 뉴-아메리카, 디지털 문명의 패권국으로 다시 미국을 위대하게 만들 수도 있다. 인공지능×블록체인×양자컴퓨터로 구성되는 신연방정부의 새 프로그램이 도처에 도입되어 거버넌스의 패러다임을 완전히 바꿀 수 있기 때문이다. 범용성이 압도적으로 높은 프로그램으로 주정부와 자치정부와 도시정부까지 모듈처럼 확장될 수 있다.

뿐인가. 유럽과 북미 등 서방세계의 정권을 도미노처럼 차례차례 접수해갈 수도 있을 것이다. 나아가 무능한 국가들이 모여서 최악의 무능을 보여주는 UN을 대체하는 세계정부의 프로그램으로 확대될 수도 있을 것이다. 즉 미국은 일견 산업문명의 구세계질서로부터 철수하고 있는 것처럼 보인다. 그러나 그것을 먼로주의로의 퇴각으로만 오판하면 곤란하다. 미래의 지정학은 지상만이 아니라 천상과 가상, 3차원으로 전개될 것이기 때문이다. 가상과 천상을 장악하면 지상은 한결 수월해진다. 뉴-아메리카의 장래는 가상의 신세계질서를 선도하고 천상의 신우주질서를 선점하는 쪽으로 이미 가닥을 잡은 것이다. 그래야만 비로소 중국의 강력한 도전을 겨우겨우 간신히 뿌리칠 수 있을지 모른다.

미국이 여전히 간단치 않은 나라인 것은 바로 그 후천세상을 대비하여 만든 기업과 소프트웨어도 대기하고 있다는 점이다. 난세를 평정한 다음의 치세를 대비하고 있는 것이다. 30년 전 퍼스널 컴퓨터가 보급되어갈 때 마이크로소프트의 윈도우가 거의 모든 컴퓨터에 OS로 깔렸다. 실상과 가상을 연결하는 창을 독점했다. 앞으로 전 세계 200여 국가와 국제기구와 도시정부는 물론이고 무수한 기업에 깔릴 수 있는 AI 시대의 OS를 사반세기 동안 만들어온 기업이 있다. 여기서 다시 피터 틸이 등장한다. 페이팔을 매각하고 일론 머스크가 처음 만든 기업이 스페이스X였다면, 틸은 팔란티어 테크놀로지스를 창립한다. 그리고 공동창업자이자 CEO로 영입한 친구가 알렉스 카프다. 머스크가 'Tech Support' 티셔츠를 입고 까만색 모자를 쓴 채 자신이 '다크 고딕 MAGA'라며 흑기사 다크나이트를 자처할 때, 카프는 '고담'(GOTHAM)이라는 소프트웨어를 개발하고 업데이트해왔다. 고담시로 전락한 워싱턴을 개벽할 수 있는 절대반지를 남몰래 오랫동안 제련해온 배트맨이다.

피터 틸이 체스를 사랑하고, 일론 머스크가 게임을 좋아한다면, 알렉스 카프는 거친 대자연 속에서 고요한 사색을 즐긴다. 고독한 산책자의 몽상으로 '디지털 일반의지'를 탐구한다. 빅데이터가 선사할 삼라만상의 화엄세계를 딥러닝하고 딥시크히는 것이 그가 평생 동안 수행해온 수련이다. 머스크가 디지털 광장의 선동가라면, 카프는 테크노 광야의 선각자다. 빅데이터에서 중생의 소리를 듣는 테크노 관세음(觀世音)보살이다. 그래서 그 누구보다 미래를 예지하는 인사이트와 포어사이트가 차고 넘친다. DOGE는 카프가 그리고 있는 그 여여(如如)한 미래로 건너가고 나면 버리고 말 뗏목일 뿐이다. 세계에서 가장 비밀스러운 기업을 경영하는, 세계에서 가장 독특한 철학자 CEO, 알렉스 카프를 만날 차례다.

알렉스 카프
Alex Karp

1967년생. 팔란티어 테크놀로지스 CEO. 프랑크푸르트학파 철학자로서 실리콘밸리의 정보혁명도 지켜보았다. 과거 68세대 선배들이 해체하고자 했던 민족주의와 국가주의와 서구주의를 되살려내야 한다고 생각한다. 트럼프 2.0시대, 입법-사법-행정의 모든 관료체제를 팔란티어 소프트웨어로 전환할 태세다. 빅데이터를 통하여 이 세계의 가장 중요한 과제들을 해결하는 것이 카프의 미션이 되었다. 정치인을 바꾸는 것이 아니라 코드를 바꾼다. 당을 택하는 것이 아니라 알고리즘을 선택한다.

천상천하 유아독존: 마이너리티 리포트

아웃도어: 물아일체

야인(野人)이다. 오피스에서 그를 발견하기는 쉽지 않다. 데스크에 앉아서 모니터를 들여다보는 시간을 최소한으로 줄이려고 한다. 길에서 들에서 산에서 움직이며 일을 한다. 실리콘밸리의 분주함에서 벗어나 기필코 고요함을 고수한다. 셀럽으로서의 부산한 삶은 질색이다. 여느 테크기업의 CEO와는 달리 유명세에도 초연하다. 미디어 인터뷰는 어디까지나 팔란티어에 관련된 것으로만 한정한다. SNS를 사절하고, 스포트라이트도 사양하며, 프라이버시를 사수한다. 그래서 빌딩숲 천장 아래보다는 하늘 아래 포레스트를 즐긴다. 대자연, 와일드 오피스에서 걷고 뛰면서 사유하고 판단하는 액티브 명상을 사랑한다. 앉아서 하는 생각보다 서서 하는 생각이 더 뛰어나며, 가만히 서서 하는 생각보다는 힘차게 달리면서 하는 생각이 더욱더 탁월하다. 심장박동이 빨라지고 혈액순환이 활발하면 근육과 뇌에 더 많은 산소가 흐르면서 브레인 퍼포먼스가 향상된다.

업무가 몰려 있는 바쁜 기간에는 단전호흡과 합기도와 태극권으로 음양의 조화를 추구하고, 여유가 있는 시기에는 훌쩍 높은 산을 홀로 오르며 하이킹과 트래킹으로 심신을 단련한다. 크로스컨트리, 산악 스키도 무척 애호한다. 변화무쌍한 지형의 굴곡을 재빠르게 이동해야 하는 스포츠는 극도의 집중력을 요구한다. 험준한 자연과 역동적인 몸의 움직임을 일체화하면 절로 고도의 몰입 상태에 들어간다. 야생에서 사색하며 기술의 초가속적 변화를 조망하는 야성의 깊은 시야를 확보하는 것이다. 그의 유별난 아웃도어 라이프 스타일은 뜻하지 않게 결국 독보적인 개인 브랜드가 되었다. 2024년 〈이코노미스트〉가 선정한 올해의 CEO, 알렉스 카프의 비상한 일상이다.

2010년대가 스티브 잡스, 2020년대가 일론 머스크라면, 2030년대는 알렉스 카프의 시대로 기록될 가능성이 크다. 빗질이 되지 않은 부스스한 헤어스타일 또한 아인슈타인 같은 천재 과학자의 괴팍한 외양처럼 회자될 것이다. 도광양회(韜光養晦), 빛을 감추고 어둠 속에서 때를 기다리듯, 팔란티어가 자신을 드러내지 않고 비밀스럽게 다양한 소프트웨어를 개발해온 과정 또한 핵무기를 만들어낸 오펜하이머의 리더십에 견주게 될 공산이 높다. 격식을 갖춘 공식 만찬장에 추리닝 바람으로 등장하거나 스키복 차림으로 투자자 미팅에 참석하는 등 그간 카프를 둘러싼 온갖 뒷담화들 또한 해프닝보다는 전설적인 일화로 기억될 것 같다.

다양한 아웃도어 액티비티 중에서도 특히 수영에 각별하다. 장거리 수영을 데일리 루틴으로 삼는다. 아무리 태산이 높다 한들 하늘 아래 뫼이로다. 해상은 지상과는 또 다른 감각을 제공한다. 땅에서 하는 운동과는 달리 물속에 들어가면 특유의 고립 상태를 경험한다. 초연결사회로부터 완전히 단절되어 오롯이 자기 자신에게 집중할 수 있다. 회의는 물론이요 전화도 메일도 문자도 차단된 디지털 디톡스의 순간, 온라인 세계에서 탈출하는 웜홀을 제공하는 것이다. 자연스레 몸과 마음에도 일종의 변태가 일어난다. 산소와 수소가 만나 이루어진 H_2O라는 신비로운 물질이 우리의 신체를 감싸게 되면, 늘 O_2와 CO_2 공기와 접촉하던 피부에서부터 상이한 기제가 작동하기 시작하는 것이다.

그리하여 바다로 풍덩 뛰어들면 마음이 곧장 깨어난다. 시야가 확 열리고 청력도 살아난다. 깊은 사유와 명상을 물속에서 한다. 조용하고 반복적이고 리드미컬한 수영의 움직임이 정신적 명료함을 선사하는 것이다. 수영으로 수양하면 자아에 함몰되지도 않는다. 수영에는 부유, 즉 우리를 떠받치고 감싸는 밀도 높고 투명한 매질 속에 떠 있는 상태에서 느끼는 경이로움이 있다. 중력으로 가라앉는가 하면 부력으로 떠 있는 오묘한 중용의 경지에서 사람들은 앞으로 헤엄쳐 나아간다. 기이한 경계의 공간에 매달려 조류에 몸을 맡기면 동적이면서도 정적인 역설적 상태에 이르게 되는 것이다.

육체와 환경이 동시성에 빠져드는 사이, 몸과 바다를 나누는 경계선은 존재하지 않는다. 즉 수영은 우리의 몸을 곧 바다의 바디로 만드는 행위다. 플래닛 아쿠아와의 완전한 합일, 물아일체(物我一體)에 드는 것이다. 그 바다 위에 둥둥 떠서 하늘을 마주 본다. 혼자이지만 전혀 외롭지가 않다. 수영하는 것은 더 큰 세상의 일부가 되는 일이다. 해가 지고 달이 뜨는 우주의 율동을 거대하고 거룩한 천장화처럼 감상한다. 한 가지 생각이 다른 생각으로 이어지다 어느 순간 아무 생각이 없어진다. 생각의 무게에서 완전히 해방된다. 반짝거리는 모든 햇빛과 달빛과 별빛이 나의 뇌에 영원히 아로새겨진다. 생생하도다! 각각(覺覺)하여라! 무념무상에 빠져든다. 무아의 경지에 도달한다. 무아지경이다.

카프는 이렇게 매일 바다에서 정신적인 고양을 경험한다. 최선의 자아, 무아를 영접한다. 수영에 몰두하는 직접성으로 현존을 획득하는 것이다. 현재에 머문다. 현재에 존재하는 마음에 이른다. 무아지경은 마음에서 시간을 변형하여 지금 여기에 집중하는 상태다. 시간이 마냥 느리게 흐르면서 현재의 순간이 최대한으로 확장된다. 백일몽과 흡사한 해일몽(Sea-Dreaming)에 들어가는 것이다. 뇌과학에서는 몽상에 빠지는 것이 문제 해결과 창조성에 중요하다고 말한다. 마음이 외부 상황에 집중하지 않고 배회할 때 '디폴트 모드 네트워크'가 활성화되는 것이다. 이는 예상치 못한 시냅스 간 새로운 연결을 가능하게 만드는 뇌의 독특한 기능이다. 아르키메데스가 목욕하다가 형태가 불규칙한 물체의 부피를 구하는 방법을 추론한 것도 마찬가지 이치다. 세로토닌이 상승하는 알파파 활동이 증가하면서 불현듯 유레카! 발견의 순간이 열리는 것이다. 정신이 개벽한다.

모든 강물이 결국 바다에서 만나듯, 개벽된 정신 안에서는 창조론과 진화론도 화해한다. 지구의 생명은 물에서 비롯된 것이다. 창세기 첫 구절, 태초에 하느님이 텅 빈 지구를 창조하셨다. 어둠에서 빛이 분리되었고, 창공의 물을 위아래로 나누자 땅에는 비다기 생겨났다. 마른 물이 드러나자 온갖 초목을 만들고 해와 달, 물의 생물과 공중의 새를 만들었다. 그리고 가축과 땅에 기어다니는 모든 생물도 만들었다. 여섯째 날이 되자 하느님은 자신의 형상에 따라 걸작을 만든 후, 일곱째 날에는 창조한 것들을 보며 편히 휴식을 취하셨다.

　진화론도 같은 결론에 도달한다. 다만 일주일이 아니라 40억 년이 넘는 시간이 걸렸을 뿐이다. 깊은 물속에서 최초의 단세포 생물이 두 개의 세포로 분화되고, 여덟 개로 분화된다. 이후 물에서 산소를 호흡하는 아가미를 갖춘 완벽한 물고기의 모습으로 진화하고, 그다음 단계로 진화가 계속되고 가속된다. 산소를 호흡하는 생물은 결국 뭍으로 나와 육지를 밟게 되며, 최초의 인류 또한 땅 위에 발자국을 남기기 시작했다. 그래서 오늘날 우리 인간 안에도 틱타알릭, 즉 '발 달린 물고기'의 흔적이 남아 있는 것이다.

　창조론의 신속한 단계든 진화론의 과학적 절차든, 서사의 중심에는 물이 있다. 실은 인간은 태어나는 직전까지 수중 포유류다. 물이 가득 찬 자궁에서 나오는 순간 아기가 처음으로 하는 호흡은, '최초의 우리'가 뭍에 발을 디뎠을 때의 첫 호흡과 크게 다르지 않다. 물에서 뭍으로 나온 인류는 다시 물속으로 들어가 헤엄을 칠 수밖에 없었다. 우리가 사는 땅은 광대한 바다에 둘러싸여 있었고, 육지 사이사이에도 강이 흘렀으며, 호수와 웅덩이도 있다. 1만 년 전, 물은 심지어 사하라에서도 손짓했다. 오늘날 지구에서 가장 건조한 지역의 동굴 벽에는 헤엄치는 인간의 모습을 묘사한 가장 오래된(약 8천 년 전) 그림이 있다. 엄청난 모순처럼 보이지만, 지구사 46억 년의 기후와 지형의 변화를 생각하면 딱히 이상할 일도 아니다. 작년 초 다섯 살 아들과 함께 안나푸르나를 트래킹하며 암모나이트를 숱하게 발견했다. 이 공기마저 희박한 드높은 산도 한때는 바다 아래 있었던 것이다. 지각의 융기, 천지의 개벽은 수시로 일어난다. 사하라도 늘 사막이 아니었다. 벽화 속 그 인류의 조상은 죽는 날까지 물이 풍족한 환경에서 살았을 것이다.

홀로세 1만 년, 기후는 다시 격변하고 있다. 지상의 물은 바짝바짝 마르고, 해수면은 점차 차오르며 해안선의 풍경을 바꾸어놓고 있다. 그러나 지상과 해상의 경계가 변화무쌍한 것 또한 늘 있어왔던 일이다. 인류세의 가장 예외적인 현상은 지상과 천상 가운데 가상의 해상이 만들어지고 있다는 사실이다. 바다에서 나온 인간이 창조해낸 전혀 다른 인공의 바다가 거대하게 열리고 있는 것이다. 기술 폭발이 야기하는 제3의 물결, 정보의 바다가 펼쳐지고 있다. 자연의 바다에서 수영하면 잔물결을 일으키는 데 그치지만, 인공의 바다를 헤엄치면 무수한 데이터를 남기게 된다. 지상에서 걸어가면 발자국도 지워지지만, 가상에서 움직이면 그림자가 차곡차곡 쌓인다. 그 데이터가 축적되면 어마어마한 빅데이터의 쓰나미가 일어난다. 장대한 파랑이 일렁이고, 장엄한 해일이 요동친다.

즉 21세기 이 행성에서 가장 빨리 증가하고 있는 것은 인구도 아니요, 닭뼈도 아니며, 이산화탄소도 아니다. 단연코 데이터다. 데이터의 폭발적인 성장이 지구의 진로에 가장 큰 영향을 미치고 있다. 앞으로 정보 세계에 진입하게 될 미래 세대와 제3세계의 인구에다가 사물과 동물과 식물마저 산출하게 될 데이터까지 보탠다고 하면 영구적인 정보 폭발의 겨우 초입기에 들어서 있을 뿐이다. 물에서 뭍으로 나온 인류가 다시 인공적인 바다에서 살게 되는 것이다. 그 거대한 인공 파도의 맨 꼭대기에서, 불가사의한 미래의 한복판에서, 고요하게 참선에 들어가 있는 장본인이 바로 알렉스 카프다. 우주는 어디로 가고 있는가? 문명은 어디로 향하고 있는가? 인류는 어디로 가야 하는가? 빅데이터의 빅웨이브를 서칭하고 서핑하면서 빅퀘스천을 던지며 빅픽처를 그려간다.

아웃사이더: 군계일학

도인(道人)이다. 실리콘밸리의 테크기업 CEO 가운데서도 카프의 이력은 단연 두드러진다. 마을의 전설이라고 할 수 있는 자퇴한 천재 공돌이 출신이 아니다. 창고나 차고를 빌려 창업을 한 적도 없다. 부트 캠프에서 코딩하고 해커톤에서 프로그래밍 실력을 뽐낸 적도 없다. 혹은 MBA를 거쳐 경영자 수업을 받은 것도 아니다. 그는 '문송합니다', 문과 출신이다. 늘 도서관에 파묻혀 두꺼운 책을 읽었다. 그것도 교양서 수준이 아니라 빡빡한 학술서와 딱딱한 논문을 파고들었다. 각 잡고 인문학을, 철학을 연마한 것이다.

진지충 선비과였다. 난독증이 있음을 고려한다면 뼈를 깎는 노력을 들였다고 하지 않을 수 없다. 리버럴아츠칼리지에서 실컷 철학 공부를 하다가 스탠퍼드의 로스쿨에 진학하지만 단 3일 만에 철회하고 만다. 더 제대로 된 학문에 흠뻑 취해보고 싶었다. 비판적으로 사고하고 윤리적으로 판단하는 것에 희열을 느꼈다. 크게 보고, 멀리 보고, 깊이 보는 맛에 심취하였다. 결국 미국을 떠나 유럽으로 간다. 샌프란시스코를 등지고 프랑크푸르트로 떠난다. 1990년대, 때가 공교로웠다. 탈냉전 초기, 독일의 통일과 유럽의 통합을 현장에서 관찰할 수 있었다. 괴테 대학에서 유럽의 인문학을 도야하며 정통 코스의 정수를 음미한 것이다. 대가 위르겐 하버마스와 치열하게 토론하는 모습이 알렉스 카프의 젊은 날의 초상이었다.

프랑크푸르트는 비판이론과 철학의 도시로 명성이 자자하다. 그래서 프랑크푸르트학파라는 말도 만들어졌다. 로컬이 철학과 사상의 진원지로 브랜드가 되는 것은 교토학파와 더불어 쌍벽을 이룬다. 100여 년 전 동양의 교토학파가 근대의 초극을 탐험하며 미국과 소련을 모두 물리치는 세계 최종전쟁의 이데올로기를 공급하고 있을 때, 서양의 프랑크푸르트학파도 자승자박을 초래한 근대성과 이성과 계몽을 깊이 자성하고 있었다. 그래서 출간된 명저가 학파 1세대인 막스 호르크하이머와 테오도어 아도르노의 《계몽의 변증법》(1947)이다. 나치의 잔악한 유대인 학살과 스탈린 체제의 전체주의적 소련과 독점자본주의가 지배하는 미국을 경험하면서, 근대 문명에 내재한 파괴적 잠재력으로 눈을 돌리게 된 것이다. 즉 프랑크푸르트학파는 탁상공론하는 상아탑의 학자들이 아니었다. 철학은 추상적인 관념이 아니다. 철학은 관념이 어떻게 현실을 만드는가에 대한 이해다. 생각이 세상을 만든다. 사고가 세계를 이룬다. 20대 중후반, 알렉스 카프는 20세기의 가장 걸출한 사상의 계보에 젖줄을 대어 사유하는 방법을 배운 것이다. 그리고 그 철학을 현실 세계에 적용하여 새로운 세상을 제작하는 방식을 연마했다.

카프가 사사했던 하버마스는 학파의 2세대를 대표하는 세계적인 사상가였다. 대표적인 담론이 의사소통 행위이론이다. 하버마스는 고립된 주체관에 기초한 근대적 의식철학을, 상호주관성에 기초한 의사소통 패러다임으로 전환하고자 했다. 계몽의 변증법을 자기 보존을 위한 도구적 이성의 확대 과정으로 해석하고, 주체와 주체 사이의 상호작용을 행위의 근본 모델로 삼는 의사소통의 도입을 요구한 것이다. 그러한 상호 인정이 전제되지 않는다면 합리적인 대화 자체가 성립할 수 없다. 그래서 의사소통 이성의 중요성을 강조하며 토의 민주주의를 주창한 것이다. 성숙한 시민사회의 공론과 제도화된 의회의 상호작용을 통하여 발전하는 민주주의를 지향했다. 민주주의가 선거를 통해 단 한 번만 주권을 행사하는 형식적 민주주의로 전락하지 않기 위해서, 또 시민들이 자발적으로 참여하기 위해서 숙의 민주주의를 제기한 것이다. 그러나 아직 인터넷과 모바일과 SNS가 범람하기 전의 이론이다. 디지털 혁명 이전의 민주주의다. 생활세계는 물론이요 정신세계마저 완전히 알고리즘에 의해 식민화된 21세기에 본다면 참으로 소박한 담론이다. 외람되게도, 한가하다고나 할까?

카프가 각별한 지점은, 프랑크푸르트에서 비판이론을 섭렵하면서도 떠나온 실리콘밸리의 정보혁명도 지켜보고 있었다는 것이다. 텍스트에 함몰되지 않고, 테크놀로지도 관찰하고 있었다. IT혁명의 붐과 둠을 멀찍한 거리에서 조망할 수 있었다. 디지털 혁명의 명과 암도 조명해볼 수가 있었다. 유럽에서 유학하는 정통 좌파 사회주의자로서, 실리콘밸리의 후기자본주의와 소비문화의 폭발도 비판적으로 지켜보고 있었다. 빅데이터는 시장에서의 빅버블로 그칠 성질의 사태가 아니었다. 데이터를 통하여 어떻게 돈을 벌까가 아니라, 데이터가 추동하는 사회가 어떠한 문명으로 진화할 것인가를 사유했던 것이다.

양적 변화는 질적 변화를 가져온다. 스몰데이터의 파편들이 빅데이터로 집적되면 정보는 통찰로 승화한다. 인포메이션에서 인사이트로 도약하는 것이다. 고로 데이터는 기술의 부산물이 아니라 의사결정의 기초가 될 수 있다. 인류는 장차 모든 곳과 모든 것에 데이터가 존재하는 세계에서 살게 될 것이다. 그것을 잘 모으는 것에 그치는 것이 아니라, 실시간으로 의미를 부여하고, 최적화된 최선의 판단과 결정을 하도록 만들 수 있다. 스승 하버마스의 고민을 토론과 공론과 숙론이 아니라 기술로 해결할 수 있을지도 모른다. 지식과 윤리와 현실과 본질 등 유럽에서 수세기 동안 진행되었던 철학적 논의가 마침내 디지털 시대의 개막과 함께 구체화되고 있는 것이 아닐까 사색하였다.

    그러나 정작 구대륙은 디지털과 아득한 거리가 있었고, 신대륙은 철학적인 사유가 부족했다. 그저 '역사의 종언'을 즐기며 대박을 꿈꾸는 기업가와 투자자들이 거대한 거품을 일으키고 있었다. 프랑크푸르트는 뒤처졌고, 샌프란시스코는 공허했다. 카프는 최첨단 기술과 최선단 철학을 결합하여 윤리의 이노베이션을 일으키고 싶었다. 함께 공부했던 선배 악셀 호네트와 같이 프랑크푸르트학파의 3세대로 안주할 수가 없었다. 더 이상 문자공화국 대학은 시대정신의 총아가 아니었다. 디지털 혁명의 한복판으로 진입해야 했다. 담론 생산의 전초기지 역시 학계나 언론계, 출판계가 아니었다. 테크기업, 컴퍼니가 시대정신을 주조해간다. 그곳에서 학파를 창조적으로 계승하고자 하였다. 다시 유럽을 떠나 미국으로 돌아온다. 철학 박사가 되어 테크기업의 수장이 되기로 한다. 기술철학자, 기술사상가가 된 것이다. 실사구시, 실학자가 된 것이다. 그래서 2003년에 탄생한 기업이 팔란티어 테크놀로지스다. 인간이 데이터의 노예가 되는 것이 아니라, 데이터가 인간에 복무하는 윤리적인 디지털 문명을 건설하는 것이 팔란티어의 비전이 되었다. 빅데이터를 통하여 이 세계의 가장 중요한 과제들을 해결하는 것이 카프의 미션이 되었다.

팔란티어의 사내 분위기는 밸리의 자유분방한 공기와도 사뭇 다르다. 카프의 지적인 뿌리가 고스란히 팔란티어의 에토스가 되었다. 흡사 아카데미아의 연구실처럼 보인다. 마케팅과 브랜딩으로 브레인스토밍을 하는 것이 아니라, 기술과 문명의 진로에 대하여 세미나를 여는 것에 가깝다. 카프 역시 단기적인 이윤 창출에 연연하는 최고경영자보다는 철학과의 지도교수님, 사상의 은사님에 근접한다. 빨리빨리 회사를 성장시키려고 하기보다는 본질과 핵심 가치를 집요하게 추구하며 비판적인 사고를 강조한다. 본디 철학이란 올바른 질문을 던지는 것이다. 철학자의 본분도 질문하는 것이다. 커다랗고 거대하고 심오한 질문을 던지는 것이다. 그래서 남들이 놓치는 것을 보며 연결망을 만들어내고, 빅데이터의 복잡계를 창의적으로 사유해야 한다. 그것이 바로 팔란티어의 본업이다. 다만 그리스 철학의 개념어로 하는 것이 아니라, 기계의 언어로 컴퓨터의 랭귀지로 수행하는 것이다.

그래서 팔란티어의 임직원들은 디지털 소피스트처럼 보인다. 소크라테스 사부님과 제자들 같다. 혹은 춘추전국시대의 백화제방

(百花齊放), 백가쟁명을 다투는 학파와 군단처럼도 보인다. 밸리의 다른 파벌들이 세를 따지며 기업의 규모를 키워갈 때, 팔란티어는 도를 논하며 때를 기다린다. 쌔끈한 앱을 만들고 중독적인 알고리즘을 설계하여 이익을 극대화하는 것이 아니라, 빅데이터의 양심이 될 것을 자부하고 자긍하는 것이다. 고객의 데이터로 무엇을 할 수 있는가가 아니라, 무엇을 해야만 하는 것인가를 토론한다.

입사 면접부터 아주 까다롭기로 악명이 높다. 가치와 철학, 목적과 비전, 미션에 중점을 두고 직원을 뽑기에 직장 동료의 선발이기보다는 혁명 동지의 선출에 더 가깝다. 그래서 이직률도 비교적 높은 편이다. 코딩과 프로그래밍 실력으로 일확천금을 벌고 빨리 엑시트하여 남은 인생을 유유자적 즐기고 싶은 친구들은 적응하지 못하기 때문이다. 기술의 미래, 민주주의의 미래, 기술과 윤리의 관계를 두고 CEO가 강설하고 직원들이 난상토론을 펼치는 조직문화 탓이다. 단기적인 주주가치의 실현에 안달하지 말고, 오로지 빅데이터 문명의 본질에 육박해 들어가야 한다는 리더와 뜻을 같이하는 충신들만 남게 된 것이다. 그리하여 팔란티어는 마스터와 도반(道伴)이 함께 모여 디지털 문명을 설계하고 창조하고 실행하는 신문명 기획사라고 할 수 있겠다.

아웃라이어: 보국안민

신문명 기획사로서 팔란티어의 아이디어를 처음 떠올린 이는 역시나 피터 틸이다. 파운더스 펀드의 지론답게, 전권을 행사하는 계몽군주적 CEO로 영입하여 전폭적인 지지를 보낸 친구가 알렉스 카프였다. 카프와 틸은 동갑내기, 1967년생이다. 이대남 시절부터 한 세대 위 68세대에 적대적이었다. 선배들의 68정신이 미국을 망쳤다고 생각한다. 올해 초, 카프는 팔란티어의 도반들과 절차탁마했던 사상을 총결산하는 저작 《기술공화국》(Technological Republic: Hard Power, Soft Belief, and the Future of the West)을 출간했다. 나도 1월 1일에 예약 주문을 하고 오매불망 기다렸다. 트럼프 2기, 아니 21세기 중반 미국의 시대정신을 당사자가 직접 정리한 책이라니! 50일을 기다린 끝에 스마트폰의 킨들 앱으로 다운로드, 홀린 듯이 신들린 듯이 읽어나갔다. 과연 철학자다. 격변하는 시대에 거대한 질문을 던진다. 사자후를 토해낸다. 죽비를 내리친다. 실리콘밸리의 참회를 요청하고, 미국의 각성을 촉구한다.

인문학 박사답게 에드워드 사이드의 《오리엔탈리즘》도 겨냥한다. 1978년 출판된 책이다. 68세대 반문화의 근간이었던 반서구주의를 집약한 저작이다. 그 후 오리엔탈리스트라는 말은 치욕적인 낙인이 되었다. 인종주의자와 비슷한 어감이 되었다. 미국 대학에서 지식인 행세를 하려면 미국과 서방을 비판해야 하는 풍조가 만연해진 것이다. 1990년대 이후 포스트 콜로니얼은 학계의 담장을 넘어 일종의 세계관이 되었다. 타자성, 혼종성 등 학술어가 출판계와 박물관을 넘어 할리우드까지 퍼져나갔다. 미국의 정신문화를 이끌어가는 주역들이 반미주의자, 반서구주의자가 되어간 것이다. 즉 68 이래 근 반세기가 되도록 미국과 서방에 대한 체계적이고 조직적인 도전이 주류 문화가 되었다. 그래서 실리콘밸리에 모여 있는 최고의 인재들도 정작 미국에 충성하지도, 헌신하지도 않는다. 민족주의는 반역이라며, 국뽕을 냉소한다. 엘리트일수록 코스모폴리탄 무국적성을 뽐내며 민족과 국가에 연연하는 풀뿌리 민중을 아래로 깔아본다. 정체성 정치 타령하다가 정체성이 모호한 이들의 아성이 되어버린 것이다.

다시 한번 잡스와 애플이 상징적이다. 잡스는 '나라'가 아니라 '나', I에 집착했다. Individual, 개인의 창조성에 절대적인 힘을 부여하고자 했다. 줄곧 자아를 배려하고 자기 자신에게 집중할 수 있는 디바이스를 만들었다. 아이팟, 아이패드, 아이폰 등 I 시리즈 모두가 그러하다. 돌아보면 잡스 1기, 1984년의 매킨토시 컴퓨터 광고부터가 예언적이었다. 빅브라더가 지배하는 조지 오웰의 디스토피아에 맞서서 국가에 저항할 수 있는 개인의 해방을 표방했다. 애플이 퍼스널 컴퓨터(PC)를 하사하노라니, 권력에 대항할 수 있는 개개인의 힘을 선사해주겠다는 것이다. 즉 잡스는 미국을 넘어 전 세계 소비자에게 '나에게 집중하라'는 시대정신을 설파하며 I-제품들을 팔아온 것이다. 오롯이 I에 집중하는 세계 시민이 아이폰에 열광하면 할수록 국가와 민족 없는 무국적 애플 월드를 만들어갈 수 있었다. 잡스가 완성한 애플 제국은 각국의 민족문화를 해체해가며 글로벌 소비문화의 아이콘이 된 것이다.

 PC를 사용하기 시작한 I-세대는 차츰차츰 'PC주의'에 물들어갔다. 반전평화, 생태주의, 페미니즘 등 68정신이 실리콘밸리의 주류 문화가 되었다. 그래서 개인=소비자는 왕이라며 소비자에 아부하는 서비스 개발에 몰두하는 반면으로, 국가와 함께하는 프로젝트에는 손사래를 쳤다. 반문화 세력이 반국가 세력이 되어간 것이다.

 21세기 첫 사반세기, 밸리의 주민들은 국가라고 하면 사시 눈으로 쳐다본다. 정부는 혁신에 둔감하고 성가신 곳이다. 긁어 부스럼을 만들지 말고 가급적 거리를 두는 게 좋다. 아니, 오히려 진보의 방해물이라고 여긴다. 그래서 빅테크는 정부와 일하기를 극구 꺼려왔다. 연방정부의 오작동과 주정부의 오기능에 한숨을 푹푹 내쉬면서도, 정작 본인의 일이라고는 생각하지 않았던 것이다. 미국의 현실을 외면하고 공동체의 업무를 소홀히 한 것이다. 2018년 구글은 국방부와의 프로젝트 '메이븐'(Maven)을 거부했다. 2019년 마이크로소프트는 미군에 버추얼 헤드셋을 공급하는 사업을 거절했다. Don't be Evil, 악마가 되지 말라. 68의 후예가 다수인 빅테크의 임직원들은 이를 미 군사주의에 대한 승리라고 자평하며 박수를 쳤다. 그 정신승리를 통하여 다시금 글로벌 고객을 현혹하는 앱 만들기에 자신들의 탁월한 능력과 막대한 자금을 쏟아부었던 것이다. 음식 배달 앱은 그토록 정교하게 설계하면서도, 그 테크놀로지를 통하여 국방을 개혁하고 교육을 혁신하고 보건을 개선하고 행정을 변혁할 생각에는 이르지 못했던 것이다. 답답한 노릇이었다.

물질은 초가속으로 개벽하는데 정신은 20세기 중반에 고착되어 개벽하지 못하고 있는 것이다. 도대체가 근본적인 질문들을 던지지 않는다. 시장은 파괴적 혁신을 강제하지만, 정작 지금 이 시대에 가장 중요한 질문이 무엇인지는 요구하지 않는다. 미국의 품에서 나고 자란 실리콘밸리가 정작 미국을 가장 멀리하는 역설이 만연한 것이다. 오히려 미국을 저무는 제국으로 간주하며 팔짱을 끼고 있다. 배은망덕한 마을이다. 정신교육, 정훈이 필요하다. 국기에 대한 경례를 하고, 애국가를 부르며, 국민교육헌장을 암송하도록 해야 할 판이다.

한가한 때가 아니다. 절체절명, 인류사에서 가장 중요한 분기점에 이르렀다. AI의 시대다. AGI(일반인공지능)가 목전이다. 지구에서 사피엔스보다 더 뛰어난 지능이 알을 깨고 나오려고 한다. 지난

알렉스 카프

세기 원자폭탄보다 더욱 의미심장한 사태다. 핵분열도 핵융합도 자연계와 우주 생태계에서 일어나는 현상을 모방하고 응축한 것이다. 그러나 일반인공지능은 결이 다르다. 인간의 지능을 모방했지만 인간의 자연지능을 월등히 앞서갈 것이기 때문이다. 식물과 동물 등 기왕의 자연지성과는 완전히 다른 차원의 인위적인 지능이 생성되고 있는 것이다. 외계지성(Alien Intelligence)이 외계가 아니라 이 땅에서부터 탄생하고 있는 것이다. E.T.(Extra Terrestrial)를 우리 스스로 불러낸 것이다. 우주에 일찍이 없었던 판도라의 상자를 인간이 열어젖힌 것이다. 인류가, 지구가, 우주가 어디로 향할지 짐작하기 어려운 불확실성의 시대로 진입한 것이다.

다만 확실한 것은 그 AGI 시대의 리더가 미국이 아닐 수도 있다는 점이다. 지난 세기 미국은 맨해튼 프로젝트를 통하여 원자력이 지배하는 시대를 선도할 수 있었다. 그래서 1945년 이후 세계질서를 이끌어올 수 있었다. 그 패권국의 특혜 아래서 실리콘밸리도 혁신의 요람으로 번창할 수 있었다. 하지만 이번에는 다르다. 자신만만 장담할 수가 없다. 20세기의 독일과 소련보다 훨씬 더 강력한 도전자가 전속력으로 AGI를 향해 질주하고 있기 때문이다. 중국판 68혁명, 문화대혁명의 파국을 딛고 일어난 신중국은 인류 4대 발명품의 나라라는 전통을 되살려서 가장 먼저 인류의 희대의 발명품을 만들어내려고 한다. 당과 국가와 기업과 인민이 일심

동체 일치단결하여 일사불란하게 테크노-차이나를 완성하려고 한다. 저들은 나보다 나라가 우선이다. 정신력에서 중국이 미국을 앞지른다.

 원자탄이 물리의 근본에서 빅뱅을 압축한 것이라면, AGI는 심리의 근본에서 의식의 핵폭발을 일으키는 것이다. 핵발전소를 대신하여 데이터센터에서 지성의 핵융합을 발생시키는 것이다. 그 절대반지를 누가 먼저 손에 쥐느냐에 따라 인류사와 지구사는 물론이요 우주사적인 영향을 미치게 된다. 지난 세기 핵무기가 그 후 100년의 지정학 질서를 규정한 것처럼, 이번에는 AGI가 새로운 질서를 규율해갈 것이다. 그리고 AGI는 비단 지구에 그치지 않고 우주의 행성 간 질서에도 지대한 영향을 미칠 것이다. 국가 간 체제, 세계질서를 주조했던 서방이 아니라 행성 간 체제, 우주질서를 동방의 중국이 먼저 규정해갈 수 있는 것이다. 코스모-폴리틱스, 우주생명문명의 서막을 한자문화권이 이끌어가면서 삼체 문명을 창조해갈 수도 있다.

 비상한 시국이다. 비상계엄을 선포하고 테크노-유신체제를 만들어야 한다. 더는 실리콘밸리의 테크놀로지와 워싱턴의 국가 사이에 벽을 세워서는 안 된다. 전력을 다하여 총력전에 임해야 한다. 정신을 똑바로 차려야 한다. 정신을 개벽하고 의식을 개조해야 한다. 우리는 할 수 있다. 안 되면 되게 하라. 그러지 못하면 우리

나라 미국은 더 이상 세계 제1의 국가가 되지 못할 것이기 때문이다. '마누라, 자식 빼고는 다 바꾸어야 한다.' 고로 우리의 마음가짐을 새로이 해야 한다. 미국은 어떤 나라이며, 미국의 가치는 무엇이며, 미국은 어느 편에 서야 하는가를 진지하게 질문해야 한다. 그래서 미국의 쇠퇴를 막아 세워야 한다. 미국을 다시 위대하게, 서방을 다시 위대하게 만들어야 한다. 68세대 선배들이 해체하고자 했던 바로 그 민족주의와 국가주의와 서구주의를 되살려내야 한다. MAGA와 MEGA(Make Europe Great Again)로 계몽의 변증법, 반문화에 다시 반하여 정반합의 결산에 도달해야 한다. 우리는 할 수 있다. 우리는 더 잘해야만 한다. 위대한 국민의 힘을 발휘하여 찬란한 민족문화를 창달해야 한다. 기술문화가 단지 소비문화가 아니라, 국혼을 일깨우는 위대한 사업이 되어야 한다. '나는 자랑스러운 성조기 앞에 조국과 민족의 무궁한 영광을 위하여 충성을 다할 것을 굳게 다짐'해야 한다. 그래서 21세기와 22세기도 미국의 세기로 만들어야 한다. 앞으로의 10년이 향후 100년, 아니 1000년을 좌우할지도 모른다. 동서양 역전 500년 만에 되치기를 당할 수도 있는 것이다.

  고로 실리콘밸리 또한 더는 I, I, I, 아라한과 아트만의 소승 놀음을 그만두고 대승으로 거듭나야 한다. 엔지니어와 프로그래머부터 디지털 의병장이 되어서 호국 마을로 개조해야 한다. 좌파에서 우파로 전향하라는 것이 아니다. 카프 본인은 여전히 사회주의자를 자처한다. 좌파 중에서도 찐좌파, 서구 좌파다. 본디 좌파의 본산은 소련도 중국도 베트남도 북조선도 아니다. 저 동방의 좌파들은 죄다 아류이고 하류다. 본진은 헤겔과 마르크스를 잇는 서방의 좌파다. 진심으로 프랑크푸르트학파를 계승한다. 미국의 진보 세력 또한 글로벌/리버럴 레프트가 아니라 웨스턴/내셔널 레프트로 회심해야 한다.

'방법으로서의 아메리카', 즉 동양주의와 제3세계주의를 청산하라는 뜻이다. 천지가 일백 번 개벽해도 동은 동이고, 서는 서다. 우리는 서방이다. 동방을 문화적으로 감싸 안아 서방을 고차원적으로 회복해야 한다. 미국은 서방의 최전방 공격수이자 최후방 골키퍼다. 서방 문명의 최후의 보루로서 미국의 의무와 책임을 다해야만 한다. 북미의 캐나다부터 서구의 독일까지, 범대서양 세계에서 디지털 계몽령을 발동하여 제정신을 차리도록 도와주어야 한다. 그래야만 제2차 태평양전쟁, 즉 MCGA(Make China Great Again)로써 중화문명의 위대한 부흥을 도모하는 중국과의 경쟁에도 비벼볼 만하다. 애국심을 동원해야 한다. 민족의 정기를 되살리고 국가의 신화를 재건해야 한다. 공격적인 민족주의도 위험하지만, 영혼 없는 탈민족주의와 세계시민주의는 더더욱 위험하다. 국적 없는 자본이 미국마저 해체하고 말 것이기 때문이다. 기술로 애국하고 사업으로 보국해야 한다. 디지털 총력전, 산학협력과 민관융합과 정경유착을 이루어야 한다. 그래야만 '기술공화국'으로 미국을 재건하는 21세기의 뉴맨해튼 프로젝트도 성공할 수 있을 것이다.

팔란티어는 준비 만전, 대비가 되어 있다. 절차탁마, 대기만성. 애플과 구글과 메타와 견주어 시작은 비록 미미했지만 그 끝은 실로 창대할 것이다. 밸리의 그 모든 테크기업이 비아냥거릴 때에도 펜타곤과 CIA와 FBI 등 국가의 주요 기관과 적극 협력하며 기술공화국으로 진화할 수 있는 소프트웨어들을 업그레이드해왔다. 시운도 따라주고 있다. 21세기 내내 진행되어왔던 미 패권의 점진적 쇠락을 더 이상 방치할 수 없는 임계점에 도달했다. 9·11 테러부터 세계 금융위기를 지나 코로나 팬데믹과 러시아-우크라이나 전쟁까지 내우외환이 지속되어왔다. "십이제국 괴질운수 다시 개벽 아닐런가!"(수운 최제우) 이제는 망국의 위기에 처한 국가의 부름에 모든 테크기업이 응답할 시점이다. 서학국민운동에 모두가 나서야 할 때다. 시어리(Theory)와 테크놀로지(Technology), 이론과 실천을 모두 구비하고 있는 팔란티어는 시대정신이 되어갈 것이다. 20세기 전반기 미국과 소련과 독일의 글로벌 포드주의 경쟁처럼, 21세기에는 팔란티어주의가 전 세계를 석권하게 될 것이다. 즉 팔란티어는 여럿 중 하나, 일개 테크기업이 아니다. 군계일학, 디지털 신문명을 기획하고 창조하는 유일무이한 기술기업이다.

도래하는 빅데이터의 인공 바다에서 중국은 인해(人海)전술, 인민의 바다를 융합하고 있다. 압도적인 쪽수로는 미국이 당해낼 재간이 없다. 오로지 지력으로 승부해야 한다. 총력을 기울여서 소프트웨어를 업데이트해야 한다. 저쪽이 14억 인구로 응전한다면, 미국은 거꾸로 무인 전략으로 대응해야 한다. 무인 전쟁으로 전투력을 극대화하고, 무인 경영으로 생산력을 최대화하며, 무인 행정으로 정치력을 효율화해야 한다. 그간 팔란티어가 비웃음을 견뎌가며 와신상담, 사반세기 갈고 닦아온 기술이 바로 그런 것이다. 고담(GOTHAM)과 파운드리(FOUNDRY)와 아폴로(APOLLO)와 온톨로지(ONTOLOGY)가 모두 그러한 소프트웨어다. 빅데이터로 드러나는 데이터 간의 의사소통과 상관관계를 시각화하여 최선의 결정을 내릴 수 있도록 기여하는 것이다. 스승 하버마스는 여전히 인간의 말과 글로 구성되는 공론장에 머물렀지만, 제자 카프는 인간은 물론이요 사물과 활물이 산출하는 데이터까지 아우르는 만물의 공론장을 창조해낸 것이다. 디지털 문명의 쟁패를 다투는 동양과 서양의 세계 최종전쟁을 승리로 이끌고 우주생명문명을 선도할 수 있는 프로파간다와 프로그램을 모두 다 갖춘 것이다.

고로 팔란티어는 절대적인 권능의 반지의 제왕이 되려 한다. SF 마니아 머스크가 오프닝이라면, 판타지 서사의 본극은 카프가 담당한다. 2023년 11월, 미국 상원에서 열린 AI 포럼에서 카프와 머스크는 나란히 앉아 속닥속닥 귓이야기를 나누었다. 2026년 7월에 DOGE의 미션이 완수되고 나면, 뉴-아메리카의 OS로 팔란티어의 프로그램들이 연방정부에 착착 장착되어갈 것이다. 미국 2.0, 뉴-아메리카의 진정한 대표선수는 카프였던 것이다. 그는 빅데이터와 거버넌스를 결합하여 빅 거번테크(Govern-Tech)를 완성해내었다. 인쇄술 시대의 데모크라시(Democracy)에서 디지털 문명의 데이터크라시(Datacracy)로 이행할 수 있는 절대반지를 손에 쥐었다. 세상의 모든 것을 볼 수 있는 전지전능한 마법의 수정구슬로 일반의지를 시시각각 바라보고 있다. 범죄를 사전에 차단하고 처단한다는 〈마이너리티 리포트〉 2054년의 설정을 사반세기나 앞당겨 현실로 구현해낸 것이다.

아카데미아 선생님과 선배님들이 천세 만세의 절대가치라도 되는 양 '민주주의' 앞에 온갖 수식어를 붙여가며 심폐소생술로 연명치료를 하고 있을 때, 오로지 카프만이 기술기업의 최전선에 진입하여 포스트-민주주의의 신세계와 신천지를 설계해온 것이다. 백문이 불여일견, 백분토론을 백 번 하는 것보다 디지털 일반의지를 한 번 보는 것만 못하다. 정기적인 여론조사 또한 국민의 집합적 무의식의 흐름을 실시간으로 파악하는 것보다 못한 것이다. 팔란티어는 마침내 동서고금 정치학의 정수에 자리했던 민심과 천심을 잇는 인터페이스의 아키텍처를 디자인해낸 것이다.

"홀로 행하고 게으르지 말며 / 비난과 칭찬에도 흔들리지 말라. / 소리에 놀라지 않는 사자처럼 / 그물에 걸리지 않는 바람처럼 / 진흙에 더럽히지 않는 연꽃처럼 / 무소의 뿔처럼 혼자서 가라."《숫타 니파타》) 알렉스 카프가 무소의 뿔처럼, 무소불위의 기세로 만들어가고 있는 저 디지털 이데아의 수학 공화국. 그 전인미답 전대미문의 신문명을 더 자세히 살펴보기로 한다.

넥스트 네이처 네트워크: 사사천 물물천

스타크래프트: 무소불위

2001년 9월 11일을 또렷이 기억한다. 이등병 시절이었다. 캠프 케이시(Camp Casey), 지상 최강의 전투력을 자랑하던 동두천 미2사단에 근무하는 카투사였다. 하필이면 내가 당직을 서는 날이었다. 납치된 비행기가 뉴욕의 쌍둥이 빌딩을 무너뜨리는 초현실적 장면을 CNN 라이브로 지켜보았다. 꾸벅꾸벅 졸지 못하고 말똥말똥 뜬눈으로 지새운 밤이다. 당장 주한미군에도 비상이 걸렸다. 펜타곤도 공격당하는 초유의 사태였기 때문이다. 알래스카 출신의 내 룸메이트는 펑펑펑 눈물을 쏟았다. 북조선의 소행이 아니냐며, 우리도 곧 전선에 투입될 것이라며 절망적인 표정을 지었다. 천만

다행으로 북과는 무관한 것으로 밝혀졌지만, '테러와의 전쟁'이 선포되면서 비상사태는 제법 오래 지속되었다. 카투사의 특권이었던 4시 30분 칼퇴근도, 주말 외출도 누릴 수 없었다. 내 한 몸 편해보고자 석연치 않은 마음을 무릅쓰고 가슴팍에 U.S ARMY를 새겼던 21세기가 그렇게 시작된 것이다. 새천년은 미국에 전혀 호락호락하지 않았다.

    9·11 직전 피터 틸도 뉴욕에 있었다. 출장을 마치고 샌프란시스코로 돌아간 날짜가 9월 9일이다. 이틀이 늦었다면 그의 운명이, 나아가 미국의 명운이 어떻게 달라졌을지 모른다. 9·11 테러는 21세기 미국이 직면한 도전을 상징적으로 보여주었다. 정보의 실패였다. 전 세계에 그토록 많은 미군을 주둔시키고 있는 압도적인 군사력에도 불구하고, 데이터의 바다에서 실패함으로써 국가의 심장인 워싱턴과 뉴욕이 공격당한 것이다. 조짐이 없던 것도 아니었다. CIA, FBI, NSA(미국국가안보국) 등 세계 최강의 정보기관들은 본토 테러에 대한 징후를 일정하게 포착하고 있었다. 그러나 그 산발적인 정보들을 일관된 시스템으로 수집하여 판단을 내리고 결정을 취할 수 있는 종합적인 프로그램이 없었다. 무력이 아니라 지력이 부족했던 것이다. 무기가 아니라 총기(聰記)가, 하드웨어가 아니라 소프트웨어가 필요했다.

    틸은 골똘히 생각에 잠겼다. 페이팔의 금융사기 방지 알고리즘이 국가의 정보기관에도 활용될 수 있지 않을까? 테러를 예방하는 데 유용하게 응용할 수 있을 것 같았다. 그래서 만든 기업이 팔란티어다. 9·11 이후 10년 만에 성과를 거둔다. 파키스탄의 오지에 숨어 지내던 오사마 빈 라덴의 암살에 성공한 것이다. 테러의 수괴, 반란의 우두머리를 기어코 찾아내어 사살하는 데 활용되었던 프로그램이 바로 팔란티어의 방산용 서비스 고담(GOTHAM)이었다. 전기 소비량과 쓰레기 처리량 등을 실시간으로 분석하여 평소와 다른 조짐을 감지하고, 빈 라덴 일당이 잠입해 있는 집을 정확하게 알아챈 것이다. 과연 아는 것이 힘이다. 보는 것이 믿는 것이다. 빅데이터를 통해 세계를 파악하는 방법론을 갈고 닦는 수련과 도야 끝에 딥아이즈(Deep Eyes), 심안(心眼)을 획득한 것이다.

이라크 전쟁과 아프가니스탄 전쟁을 거치며 성능을 개선해온 팔란티어가 진가를 발휘한 전장은 우크라이나다. 애당초 '특수 군사작전'에 나선 푸틴은 단기간 내 우크라이나 동부 지역 안정이라는 목표를 달성할 것으로 여겼다. 그러나 예상외로 전쟁이 길어진 것도 우크라이나의 재래식 병력에 미국의 군사 소프트웨어가 결합했기 때문이다. 두 기업이 단연 돋보였다. 천상에서는 스페이스X가 스타링크의 통신망을 제공했다. 가상에서는 팔란티어가 지휘작전 프로그램을 공급했다. 무력으로는 러시아를 이겨낼 재간이 없었지만, 지력이 보태어짐으로써 버텨낼 수 있었다. 지상군의 전력 격차를 가상군과 천상군의 역량으로 만회한 것이다. 러시아-우크라이나 전쟁을 디지털 시대의 첫 번째 AI 전쟁이라고 평가하는 까닭이다. 데이터가 미사일을 이기는 미래의 전쟁을 보여준 것이다. 하드파워보다 스마트파워가 더 중요하다. 젤렌스키 대통령을 직접 만나 무상으로 전략 소프트웨어를 제공할 것을 약속했던 알렉스 카프는 그 대가로 우크라이나의 모든 데이터를 손에 쥐었다. 실전 경험을 수년간 쌓으면서 궁극적으로 동서 문명 간의 세계 최종전쟁, 테크노-차이나와의 결승전을 대비할 수 있는 프로그램을 고도화한 것이다.

    그 미래전을 가장 먼저 구현한 게임이 있었다. 스타크래프트(Starcraft)다. 내가 대학에 입학한 1998년에 출시된 게임이다. 지상의 인간과 천상의 외계인과 가상의 괴물이 우주를 배경으로 삼파전을 펼치는 웅장한 세계관을 자랑했다. 실시간 전략 게임 중에서도 독보적인 성공을 거두었다. 양자 대결이 아니라 삼파전이라는 패러다임 전환이 결정적이었다. 가위 바위 보가 물고 물리는 디지털 삼국지로 진일보한 것이다. 저그, 프로토스, 테란의 세 종족이 펼치는 싸움이 위·촉·오의 형세와 묘하게 닮아 있었다. 진취적이고 공격적인 사람은 저그를 선호했다. 창의적이고 전략적인 사람은 프로토스를 애정했다. 안정적이고 보수적인 사람은 테란이 어울렸다. 각기 관우와 제갈량과 유비를 연상시킨다. 자원도 셋이었다. 미네랄과 가스와 인구로 나라를 경영했다. 지형도 셋이었다. 지상과 천상과 지하를 아울렀다. 디지털 천지인(天地人), 공간과 자원과 유닛이 각각 세 세트씩 3-3-3만으로도 전술·전략은 수십 가지로 뻗어나갈 수 있었다. 천하 삼분지계를 연마하기에 제격이었던 온라인 게임이다.

틸이 초기 투자에 참여한 페이스북에 앞서서 싸이월드가 있었던 것처럼, 팔란티어가 구현하는 미래의 군대를 앞서 보여주는 부대도 한국에서 먼저 등장했다. e-스포츠계의 상무(尚武), '공군에이스'(ACE, Airforce Challenge E-Sports)가 2007년 4월 창단된 것이다. 대한민국 공군의 브랜드를 혁신하고, 신세대 병사의 정서를 함양하며, 국민과도 친숙한 군 이미지를 위해 창단한 프로게임단이다. 그러나 거센 비판 여론이 일었다. 군인이 나라는 안 지키고 게임이나 하고 앉아 있냐며 핀잔하고 힐난했다. 결국 여론에 떠밀려 2014년 사라지고 만다.

산업문명의 리듬에서는 4~5년 단위의 중간 평가가 그럴듯하게 작동했다. 농업문명에서도 왕의 수명에 따라 사회의 변화가 있었던 것도 나름대로의 합리성이 작용했다. 그러나 디지털 문명의 초가속적 변화를 이제는 일반 여론이 제대로 따라가지 못한다. 여론을 숙론으로 대체한다고 해서 해결될 성질도 아니다. 사태의 본질은 생물학적 두뇌의 판단 능력이 기술의 인공적인 진화 속도에 적응하지 못하는 데 있기 때문이다. ACE 부대를 폐지하고 불과 2년 후에 알파고와 이세돌의 바둑 대결이 펼쳐졌다. AI 시대의 원년이라고 기록될 2016년을 목전에 두고, 세계 최초로 기념되어야 마땅할 창의적인 공군 실험이 중단된 것이다.

이세돌을 격파한 딥마인드가 다음 도전장을 낸 게임이 스타크래프트2였음을 고려한다면 더더욱 공교롭다. 알파고를 대신하여 이번에는 알파스타가 출격했다. 역시나 프로게이머들을 압도했다. 아무리 뛰어난 게이머도 인공지능을 당해낼 수가 없었다. 알파스타가 매우 성공적이었다는 사실은 이 게임이 전쟁 전략을 모형화했다는 점에서 특히나 인상적이다. 스타크래프트의 전술은 수학적으로 무한대에 가깝다. 플레이어는 그 높은 수준의 불확실성과 불완전한 정보 속에서 동시다발적으로 여러 싸움을 전개해야 한다. 두개골 안에 갇혀 있는 브레인으로는 결코 기계의 학습을 이겨낼 수 없는 것이다. 알파스타는 일주일 만에 200년 분량의 게임을 하면서 경기 방식을 배웠고, 다음 한 주는 스스로 디자인한 실전 경험을 200년 더 쌓았다. 2주 만에 400년을 훈련한 AI가 모든 인간을 상대로 매 경기 승리했음은 불문가지라 하겠다.

당시 알파스타의 알고리즘을 설계했던 프로그래머는 딥마인드의 블로그에 이런 글을 남겼다. "스타크래프트는 인공지능을 복잡한 현실 세계에 접속시켜주는 유용한 매개체다. 스타크래프트를 플레이하는 데 필요한 스킬은 궁극적으로 현실 세계의 문제를 해결하는 데 쓰일 수 있을 것이다." 과연 2024년 딥마인드의 CEO 데미스 허사비스는 노벨화학상을 받는다. 인공지능 전문가가 왜 화학상을? 딥마인드가 개발한 '알파폴드'가 그 어떤 인간 생물학자도 풀지 못했던 단백질 구조를 밝혀냈기 때문이다. 40억 년 생명의 신비를 AI는 불과 4년 만에 풀어낸 것이다. 아이큐 140이 넘는 사람들 4000명이 모여서 40년 동안 연구를 해도 될까 말까 한 일들을 척척 해치우고 있는 것이다. 이제 신약 개발 또한 AI가 개개인에 최적화된 맞춤형으로 해줄 것이다. 인간의 생로병사를 AI에게 맡기기 시작한 것이다. 그래야 디지털 불로초, 불사와 불멸의 꿈에 한 걸음 더 다가갈 수 있다.

불패를 꿈꾸는 전쟁이라고 해서 다를 까닭이 없다. 아니, 생사가 걸려 있는 전쟁이야말로 AI는 가장 유용하게 결합될 것이다. 다시 말해 미래의 전쟁은 육박전으로 하는 것이 아니다. 두뇌로 한다. 사피엔스의 브레인으로 하는 것도 아니다. 머신러닝으로 한다. 게임이나 하고 앉아서 나라를 지키는 것이 말이 되는 시대가 불과 10년도 못 되어서 현실이 된 것이다. 러-우 전쟁이 보여주었듯, 드론 군단 등의 무인 기술이 이미 전장에 도래했다. 이제 무인화되는 전력을 가장 효과적으로 운용하기 위한 완전히 새로운 전략 개념이 요구될 것이다. 나라를 지키고자 한다면 총검술을 익힐 게 아니라 게임을 잘해야 한다. 스타크래프트를 잘하는 게이머들이 가장 뻬어난 지휘 장교가 될 것이고, 적군의 프로그램을 교란할 수 있는 해커들이 특공대가 될 것이다. 가상이 실상에 앞서는 시뮬레이션 전쟁, 매트릭스가 현실이 된 것이다. 일찍이 《손자병법》이 알려주던바, 싸우지 않고 이기는 것이 최상의 전략이다.

실제로 전쟁이 발발하면 승리할 수 있는 능력은 단 한 가지로 귀결된다. 킬체인(Kill Chain)이다. 킬체인은 세 단계로 나뉜다. 첫째, 무슨 일이 일어나고 있는지 이해하는 것이다. 둘째, 무엇을 할지 결정하는 것이다. 셋째, 목표 달성을 위한 조치를 취하는 것이다. 언더스탠딩-디시전-액션의 연쇄(Chain)가 전쟁의 승부를 가른다. 미래전에는 이 이해와 결정과 행동의 킬체인에 모두 활성화 기술(Enabling Technology)이 결합된다. 인공지능과 양자 정보, 생명공학과 로봇공학, 우주기술 등이 장착되는 것이다. 무기마다 센서가 부착되어 감지 기능을 부여하고, 에지(Edge) 컴퓨팅을 통하여 판단 기능을 부가한다. 군사용 사물인터넷을 작동시킴으로써 무기 하나하나가 이해하고 결정하고 행동할 수 있는 활물(活物)로 진화하는 것이다. 즉 군사력의 관건은 화력의 총합에 있는 것이 아니라, 활물의 총화에 따른 집합지성에 달려 있게 된다. 무기들의 폭발 능력이 아니라, 활물들의 인지 능력에 따라 승패가 갈리는 것이다. 자율성을 부여받은 무인 무기들을 통합적으로 운영하는 OS, AI 소프트웨어가 가장 중요한 킬러앱이 되는 것이다. 즉 앞으로의 전쟁은 처음부터 끝까지 소프트웨어 전쟁이다. 2024년 팔란티어의 주가가 폭발적으로 상승한 까닭이다.

역설적으로 가상에서 이겨버리면 실상에서는 전쟁이 일어나지 않게 된다. 질 것이 뻔하기 때문이다. 인류의 역사에서 전쟁이 그치지 않았던 가장 큰 이유는 승리를 자신하며 오판했기 때문이다. DNA의 속성상 죽을 것이 뻔한 게임에 이판사판 덤비지는 않는다. 죽기살기로 싸우는 것은 오인과 오류의 결과, 이길 수 있다고 잘못 생각했기 때문이다. 인간의 편향된 인지 능력의 한계로 말미암아 미래를 제대로 알 수가 없었기에 모험을 감행했던 것이다. 그러나 이제는 승부를 미리 알 수 있다. 마치 AI의 도입 이후 바둑의 승률이 각 수마다 실시간으로 표시되는 것처럼, 매트릭스에서의 전쟁은 시작하자마자 아니, 시작도 하기 전에 승패가 결정 나는 것이다. 과연 손자 가라사대, 지피지기면 백전불태다.

카투사 시절, 미군 동료들은 한국전쟁 시절과 본질적으로 달라진 것 없는 방식으로 훈련을 받았지만, 퇴근한 이후에는 플레이스테이션과 닌텐도의 비디오게임을 즐기며 미래전을 연마했다. 아마도 20년 후 AI 패권 기업으로 성장하게 될 엔비디아의 GPU가 들어 있었을 것이다. 미군은 그들이 일상생활에서 사용하는 도구보다 기능이 훨씬 떨어지는 군사 장비를 사용한다. 지금도 크게 다르지 않다. 대부분의 미국인은 매일매일 기계 학습의 혜택을 누린다. 유튜브에서 들을 노래를 고르고, 내비게이션으로 목적지까지 가장 빠른 길을 선택하고, 온라인에서 상품을 구매하는 등 정보를 큐레이션하는 데 AI를 사용한다. 그런데 정작 사활을 다투는 미군의 업무에는 적용되지 못하고 있는 것이다. 전방위적으로 연방정부를 박살 내고 있는 DOGE가 특히 국방부 예산의 대폭 삭감을 단단히 벼르는 까닭이다. 군인의 숫자와 무기의 숫자로 군사력을 가늠했던 수천 년 패러다임을 폐기하려고 한다. 결국 무형의 팔란티어 소프트웨어가 둔중한 펜타곤의 관료체제를 집어삼킬 것이다. 전투기와 탱크와 항공모함이 아니라, 코딩과 알고리즘과 프로그래밍이 국방력을 통솔하게 될 것이다. 오로지 그래야만이, 기술적 공화국으로의 진화에 성공해야만이 미군은 더욱 강해질 수 있고, 미국은 다시 위대해질 수 있다.

다시 2003년 3월. 제대를 두어 달 앞두고 이라크 전쟁이 시작되었다. 아침에 함께 구보를 뛰던 이웃 부대 보병사단이 사막의 사지로 파병되었다. 작전과 S3의 행정병이었던 나는 워싱턴과 용산과 바그다드, 북미와 극동과 중동이 연동되는 미국의 글로벌 군사 네트워크를 맛본 셈이다. 미군이 민간인 마을을 오폭했다는 CNN 뉴스도 먼 일로만 여겨지지 않았다. 미군의 수준을 너무나 잘 알았기 때문이다. 미국 사회의 밑바닥에서 살길이 막막하여 입대한 경우가 많았다. 주말에 친구 만나러 이태원에 간다는 외박 신청서의 문장을 써달라고 부탁할 정도였다. 수학, 아니 산수 실력 또한 형편없었기에, 타격 지점 계산 오류는 수시로 일어날 일이었다. 그 종합지력의 부실함을 군산복합체의 막강한 물량 공세로 땜질해왔던 것이다. 틸과 카프가 미군의 참담한 현실에 얼마나 낙담했을지 넉넉히 수긍이 가는 것이다.

    S1은 인사과, S2는 정보과, S4는 보급과다. 미군의 조직 방식은 20세기 기업과 행정 조직에도 지대한 영향을 미쳤다. 미군의 작동 방식을 팔란티어의 소프트웨어가 대체한다는 말은 행정과 기업의 운영 또한 팔란티어가 대신할 수 있다는 의미다. 이미 착착 가동 중이다. 빈발하는 총기 사고 등 경찰력의 한계도 팔란티어가 메워가고 있다. 코로나 팬데믹이 적나라하게 노정한 보건의료의 실패도 팔란티어가 대체해가고 있다. 거듭되는 금융위기를 대체할 플랫폼도 대기 상태에 있다. 일당백, 산업문명을 작동시켜왔던 그간의 모든 관료체제를 공공과 민간의 구분 없이 팔란티어 소프트웨어로 전환할 태세인 것이다. 과연 위대한 미국에 필요한 것은 새로운 정당이 아니다. 새로운 정치인들의 새로운 정책도 아니다. 기술과 정책의 경계는 점점 사라진다. 국가안보와 공중보건과 금융규제까지, 더 안전한 세계와 더 건강한 사회를 위하여 팔란티어는 만인과 만물과 만사를 경영할 수 있는 만능의 절대반지를 장악했

기 때문이다. 민·관·군을 막론하고 조직의 목표를 설정하기만 하면 최적화된 솔루션을 자동적으로=자연스럽게 서비스해준다. 군대에는 승리를, 경찰에는 안전을, 은행에는 보안을, 기업에는 효율을 선사한다.

일론 머스크의 모든 기업이 디지털 문명의 뼈대를 다시 세우는 작업을 하고 있다면, 알렉스 카프의 팔란티어는 그 신문명의 신경망이 되어가고 있다. 그래서 마치 인체의 원리 같은, 생태계의 법칙과도 같은 자율적인 의사결정 체제를 삽입하고 있는 것이다. 머스크는 슈퍼오르가니즘, 초유기체를 제조해가고 있고, 카프는 슈퍼인텔리전스, 초지성을 주조해가고 있다. 양자를 백업하고 있는 피터 틸은 후기 미국, 뉴-아메리카의 환골탈태에 흐뭇하고 뿌듯할 것이다.

스테이트 크래프트: 무위이화

윤여준 전 장관을 존경한다. 이승만 초대 대통령부터 그분이 평생토록 경험했던 다양한 정치인의 후일담을 청해 듣는 일은 늘 인상적이었다. 최근에 《대통령의 자격》 개정증보판이 나왔다. 기존의 대통령들에 박근혜와 문재인, 윤석열이 추가되었다. 이 책이 다루는 주제가 바로 '스테이트 크래프트'(Statecraft)다. 관건은 당선 이후, 국가를 다스리는 통치 능력에 있기 때문이다. 농업문명 리더십의 바이블이었던 당 태종의 《정관정요》를 현대적으로 계승하여, 산업국가를 경영했던 대통령들의 경륜을 살피는 것이다. 이번에도 찬찬히 음미했지만, 예전처럼 크게 수긍하는 마음이 일어나지는 않았다. 언제까지 탁월하고 덕망 있는 리더가 등장하기를 바라고 있어야 할지, 복불복의 기다림에 인내심이 바닥난 것이다. 성인이 되고 다섯 차례의 대선을 경험했다. 깨어난 시민의 집합적 역량으로 빼어난 지도자를 선출할 수 있을 것이라는 근대의 약속에 대한 신뢰는 번번이 깨어졌다.

그보다는 그분의 차남과 만나 나누었던 대화가 더욱 흥미로웠다. 마이크로소프트에서 일하고 계신다. 오픈AI의 챗GPT 등장 이래, AI혁명을 현장에서 관찰하고 있는 분이다. 자동화가 자율화를 지나 자연화되고 있는 작금의 문명 전환을 논의했다. 농업문명의 군주정과 산업문명의 민주정을 잇는 디지털 문명의 새정치에 대해서도 담소했다. 정당은 농업문명을 산업문명으로 전환하는 플랫폼이었다. 미국의 민주당과 공화당, 중국의 공산당이 그 소임을 가장 훌륭하게 달성했다. 그래서 양국이 G2가 된 것이다. 한반도 남/북의 세 정당(민주당, 국민의힘, 조선로동당)도 모두 저 정당들의 아류다. 그런데 산업문명을 디지털 문명으로 진화시키는 것도 과연 정당의 역할일까? 그리고 산업문명을 작동시키는 OS였던 헌법이 디지털 문명에서도 유의미한 기능을 하게 될까? 입법을 통한 정책(Policy)이 입력을 통한 프로그램(Program)으로 대체된다면 관료체제는 어떻게 변화해갈까? 꼬리에 꼬리를 물고, 질문과 상상이 이어지는 즐거운 밤이었다.

전쟁을 문명화한 것이 정치이고 외교다. 장차 전쟁도 AI가 수행할 것인바, 정치라고 사람에게만 맡겨둘 턱이 없다. 불가피한 미래, 필연이다. 농업문명사 2천 년은 문/무(文武)의 갈등이었다. 무사를 문인으로 길들이는 과정이 바로 문명화였다. 창과 칼을 든 전사 워리어(Warrior)를, 말과 글로 다스리는 로이어(Lawer)로 바꾸어내는 OS를 가장 먼저 만들어낸 나라가 중국이었다. 진·한 제국에서 싹을 틔운 법가와 유가의 과거제 시스템이 당·송 변혁을 거쳐 송나라 때 완성된다. 인쇄술의 발전으로 종이(책)의 보급이 충분해졌기 때문이다. 그 근대 국가의 관료제가 몽골세계제국의 글로벌 연결망을 따라 유럽까지 확산했다. 그리고 유럽에서 산출된 몽테스키외의《법의 정신》, 애덤 스미스의《국부론》, 장자크 루소의《사회계약론》을 집약하여 신대륙에서 창조해낸 새로운 나라가 바로 미국이었다. 공맹의 꿈이 2천 년 만에 아메리칸 드림으로 완성된 것이다. 산업혁명의 물질적 생산 능력이 농업문명의 이상향을 실현해낼 수 있는 토대가 되어준 것이다. 마침내 역성혁명을 제도화하여 왕의 목을 수시로 치는 대통령 임기제를 세계 최초로 디자인해낸 것이다.

디지털 혁명 30년, 목하 전 세계는 산업문명의 정치-행정 시스템이 붕괴하고 있다. 곳곳에서 탄핵이 연달아 빗발치고, 처처에서 계엄이 잇따라 발동된다. 입법부와 행정부는 물론이요, 사법부도 기능부전이다. 기각되어야 할 것은 산업국가의 운영 시스템 그 자체다. 전 인류가 디지털 문명으로 이행하는 진통과 산통을 혹독하게 겪어내고 있는 것이다. 역설적인 것은 일당독재라고 손가락질했던 중국이 테크노-차이나로의 업데이트를 가장 수월하게 이끌고 있다는 점이다. 보다 못한 미국이 이제는 디지털 총독부 DOGE와 팔란티어를 앞장세워 AI 아메리카로의 업그레이드를 작당하고 있는 것이다.

알렉스 카프는 프랑크푸르트학파의 후예이자 팔란티어 스쿨의 태두다. 그럼에도 그가 MAGA 2.0, 트럼프 2기와 협력하는 것은 단지 좌우 합작을 도모하는 것이 아니다. 좌파도 우파도 산업문명의 부산물이다. 좌우를 막론하고 철 지난 진영논리에서 도무지 벗어나질 못한다. 저마다 각자의 편견에서 좀처럼 헤어나지를 못한다. 좌우가 아니라 근본으로 돌아가야 한다. 기본에 충실해야 한다. 인민주권, 권력의 원천은 인민의 집합적 의지에 있음에 충성해야 한다. 실은 인민주권의 실현이기만 하다면 정부의 형태는 부차적인 것이다. 대통령제냐 내각제냐만을 뜻하는 것이 아니다. 공화국이냐 제국이냐, 군주정이냐 민주정이냐 또한 상대적인 가치다. 세 번째 천년에도 왕정국가는 여럿이다. 사우디아라비아와 아랍에미리트(UAE)는 디지털 전환에서 모범을 보이고 있다. 최근 트럼프의 중동 순방에는 머스크와 카프도 친히 동행하여 대규모 계약을 성사시켰다. 카프는 사우디와 UAE야말로 혁신의 첨단을 달리고 있다고 칭송했으며, 머스크는 탈노동 경제와 '기본 고소득' 사회의 도래를 전망했다. 중동의 디지털-왕국들이 서구의 민주공화정을 능가하지 못하리라는 법도 없는 것이다. 농업문명 2천 년 동안에도 왕이 민심=천심을 반영하지 못하면 탄핵은 수시로 일어났던 바다. 제왕이든 대통령이든 인민주권을 구현하지 않는 리더라면 시대를 불문하고 파면되어야 마땅한 처사다.

오늘날 스테이트 크래프트의 진정한 문제는 정부의 형태를 막론하고 일반의지를 거의 구현하고 있지 못하다는 점이다. 일반의지란 국민투표에서 51%를 얻는 다수결을 의미하는 것이 아니다. 다수결은 특수의지의 총합에서 승리한 전체의지일 뿐이다. 49%를 제외한 전체의지를 일반의지라고 할 수는 없다. 즉 일반의지는 100% 전체 시민의 의지를 총결한 수학적인 존재다. 단지 하나의 특수의지에 동의해가는, 합의가 형성되는 것으로 등장하는 전체의지가 아니다. 따라서 일반의지를 제대로 추출하기 위해서는 의사소통을 하지 않는 편이 낫다는 역설도 가능하다. 그래야 진짜 민심=천심을 정확하게 보고 들을 수 있는 것이다. 지금은 일반의지를 왜곡하는 삿된 세력이 차고 넘친다. 신문에 칼럼을 쓰고, TV 토론에 출연하고, 유튜브 방송을 하는 사람들의 거개가 특수의지의 대변인이다. 특정 정파와 음양으로 내통하고 있는 '직업적 시민'이다. 이들이 51% 전체의지를 장악하기 위해 선전선동에 분투하면서 정치의 질이 나날이 떨어지고 있는 것이다. 극우파든 극좌파든, 진보든 보수든 별반 차이가 없다. 모두가 일반의지를 배반하는 반국가 세력이다.

즉 일반의지는 선거나 정당, 국회나 시민의회 같은 것이 없어도 자연히 존재하는 것이다. 그래서 법률적인 언어보다는 수학적인 물질에 더 가깝다. 인간의 질서가 아니라 사물의 질서에 속한다. 그래서 정부는 이 사물에 복종해야만 한다. 그것이 인간의 인위적 정치가 아니라 사물의 질서에 따르는 무위(無爲)의 정치이기 때문이다. 그 자연스러운 수학적 통치가 달성되어야만 인간 또한 자유를 향유할 수 있다. 즉 이는 직접민주도 아니요, 간접민주도 아니다. 개인주의도 아니요, 전체주의도 아니다. 따라서 빈사지경의 민주주의를 구제해내기 위해서는 일반의지를 수학적인 존재로 재규정하고, 이를 기술적으로 가시화하는 테크놀로지가 필수적이다. 정보사회의 발전에 보조를 맞추어서, 빅데이터와 인공지능이 선사하는 기술의 가능성을 극대화함으로써 민주주의의 기원으로 되돌아가자는 것이다.

실은 시민 개개인도 자신이 진정 원하고 있는 것이 무엇인지 잘 알지 못한다. '계급 배반 투표'는 비단 계급적 현상만도 아니다. 남녀노소를 불문하고 인간 자체의 인지적 한계의 반영이다. 행동 경제학과 뇌과학 등 최근 각광을 받고 있는 신학문의 결론은 대동소이하다. '너 자신을 알라'가 지극히 어렵다는 점이다. 나 자신을 제대로 알고 있는 소크라테스나 싯다르타 같은 사람이 극히 드물다는 말이다. 인간을 이성적인 동물이라고 하지만, 항상 이성적이지도 않다. 아니, 더 많은 시간 비이성적이다. 타인의 말을 경청하고 합리적인 판단을 내리며 그 결론에 맞추어 행동하는 데는 상당한 정신적 비용이 들기 때문이다. 토론과 숙론으로 갈지자 여론을 대체할 수 있을 것이라는 희망 섞인 전망이야말로 반인간적인 발상이다.

열 길 물속은 알아도 한 길 사람 속은 모른다고 했다. 열 길의 물이 자연의 H_2O라면 그럴 수도 있다. 하지만 정보의 바다에 남겨진 한 길 사람 속은 속속들이 파악할 수 있다. 그 사람의 데이터가 대량으로 집적되면 본인조차 결코 의식한 적이 없는 경향이나 패턴이 추출되기 때문이다. 내가 생각하는 나보다 실제 나에 더 근접할 확률이 99%다. 기존의 공론장에서는 '정치적 올바름'의 강요 등 온갖 검열체제 속에서 자신이 발화하는 내용을 의식적으로 제

알렉스 카프

어한다. X나 페이스북에 올리는 견해 또한 이미 필터링을 거친 가공의 정보다. 그러나 데이터베이스에는 문자로 된 내용 이상의 것이 기록으로 남는다. 어떤 단어를 지우고 어떤 단어로 고쳤는지도 알 수 있다. 그 문장을 썼을 때의 속도 또한 중요한 자료다. 확신하고 있는지 주저하고 있는지 심정적인 상태까지 파악할 수 있다. 즉 오늘날의 빅데이터 사회는 메타인지적인 정보 기록도 가지고 있다. 다시 말해 무의식을 기록하고 있을 뿐만 아니라 그것을 적극적으로 가시화하고 있는 것이다. 디지털은 우리가 잊은 것, 의식하지 않았던 사소한 부분까지 계속해서 기억하고 있다. 겉마음이 아니라 속마음, 저 한 길 사람 속을 샅샅이 알고 있는 것이다. 지금 내가 쓰고 있는 글처럼 최종 문장의 얕은 마인드(Thin Mind)가 아니라, 그 과정이 노정하는 딥마인드를 적출해낼 수 있다.

고로 빅데이터의 축적이야말로 일반의지 구현의 초석이 된다. 미래의 거버넌스 정보환경에 새겨진 행위와 욕망의 집적, 사람들의 집합적 무의식=일반의지에 충실하게 재설계되어야 한다. 무의식에 응답하는 정치, 무위지치(無爲之治)야말로 네트워크를 기반으로 대두하기 시작한 새정치의 모습일 것이다. 응당 무위자연을 반영하는 메커니즘과 알고리즘이 필요하다. 즉 21세기의 개벽국가가 몰두해야 할 과제 또한 일반의지를 한층 정교하게 가시화하는 것이다. 그리고 그 일반의지의 출력과 통치 기구를 잇는 인터페이스를 디자인하는 것이다.

 이미 물리 세계에는 인터넷과 카메라가 촘촘히 깔려 있다. 그 활물들이 수합하는 언어, 표정, 심박수와 수면의 질 등 선거에 한정되지 않는 무수한 데이터에서 사람들의 내심과 본심, 진심을 추론해낼 수 있다. 앞으로 20년, 이 디지털-데이터크라시가 리버럴-데모크라시를 급속도로 대체해갈 것이다. 중국이 하면 꼬아 보지만 이제는 미국도 할 것인바, 일파만파 도미노처럼 확산해갈 것이다. 빅데이터와 AI에 양자컴퓨터까지 장착하면 일기 예보하듯이 미래를 예보하는 거버넌스가 일상이 되어갈 것이다. 디지털 트윈에서 정책 시뮬레이션을 해봄으로써 예측 가능한 선택도 할 수 있게 된다. 전 세계 200여 개 국가가 날마다 범하고 있는 정책 실패(=예산 탕진)를 미연에 방지할 수도 있을 것이다. 정치인을 바꾸는 것이 아니라 코드를 바꾼다. 당을 택하는 것이 아니라 알고리즘을 선택한다. 아무도 의식적으로 참여하지는 않지만 모두가 결과적으로 만족스러운 무위이화(無爲而化), 재세이화(在世理化)의 신천지가 펼쳐진다.

 DOGE발 연방정부 개혁은 주별로, 도시로 확산될 것이다. 그리고 국제사회에도 공급될 것이다. 20세기에는 많은 나라가 미국의 헌법을 베꼈다. 삼권분립도 따라 한 것이다. 그 미국식 민주주의가 파산 직전임을 자인하고 있다는 점에서, DOGE에 몸담고 있는 이들은 정직한 애국자다. 그 충직한 애국지사들의 파상공세로 워싱턴의 앙시앵레짐을 붕괴시키고 나면 팔란티어가 구축한 온갖 거버넌스 프로그램이 도처에서 작동하게 될 것이다. 전지전능, 입법-사법-행정을 모두 대체할 수 있는 충분한 역량을 갖추었다. AI 후발국들은 그 팔란티어의 프로그램을 사다가 써야 할지 모른다. 종속국들의 데이터가 팔란티어의 디지털 저장고에 차곡차곡 쌓여갈 것이다. 뉴-아메리카는 이 빅데이터의 빅브라더, 절대반지의 절대군주이자 절대국가가 되려는 것이다. 그 새로운 천년의 대계를 알렉스 카프가 준비해온 것이다.

마인크래프트: 무위도식

산업문명에서는 프로덕트(Product)가 중요했다. 디지털 문명에서는 프로세스(Process)가 관건이다. 결과보다 과정이 소중하다. 아니, 결과라는 것이 없어진다. 디지털 기술의 가장 큰 특징은 모든 것을 늘 무언가로 되어가는 과정으로 만드는 데 있다 즉 사물에도 진화를 도입하는 것이다. 생물의 질서를 사물에도 확장하여 만물을 활물로 변화시키는 것이다. 고로 완성형은 아무것도 없다. 모든 것이 생성형이 된다. 지난 300년 산업문명이 산출한 모든 프로덕트가 앞으로 30년 프로세스로 진화해갈 것이다. 자동차도 바람처럼 파도처럼 '모빌리티'가 되어간다.

　테슬라의 최대 발명품 또한 전기차나 옵티머스가 아니다. 그 산물보다 중요한 것이 메가팩토리라고 하는 프로세스의 창출이다. 사람의 개입을 최소화한 인공적인 자연 상태를 만들어낸 것이다. 그곳에서는 더 이상 산업문명의 쇳소리가 들리지 않는다. 사람이 없기에 조명도 없는 다크 팩토리에서 AI 로봇이 24시간 일하는 공간의 배경음은 물소리에 더 가깝다. 팔란티어 또한 '메가 오피스' 혹은 '메타 오피스'를 창조해낸 것이다. 완전히 자동화=자연화된 의사결정 과정을 생성해낸 것이다. 빅데이터를 입력하면 스마트 솔루션이 출력된다. 기왕의 공장은 인간의 신체적 한계를 고려하여 설계되었다. 미래의 공장은 그럴 이유가 사라졌다. 그래서 생산력이 폭발한다. 기왕의 행정도 인간의 인지적 한계에 부응하여 조직된 것이다. 미래의 정치 또한 그럴 까닭이 없어졌다. 최선의 판단과 결정과 행동을 의사소통 없이도 할 수 있다. 그래서 효율성이 폭증한다. 그리고 멈춤 없이 계속 업그레이드되고, 중단 없이 지속적으로 업데이트된다. 인간은 결코 이 자연스러운 흐름을 거스를 수가 없다. 사람과 사회의 인위적인 논리가 아니라, 에콜로지와 테크놀로지가 합류하여 빚어내는 섭리에 가깝기 때문이다. 디지털 네이처 또한 무위자연, 스스로 그러할 뿐이다.

　150년 전 조상들은 '하늘로써 하늘을 먹는다'는 이천식천(以

天食天)만 말씀하셨지만, 앞으로는 의식주(衣食住) 모두가 자율화=자연화된다. 하늘로 하늘을 먹을 뿐만 아니라 하늘로 하늘을 입고, 하늘로 하늘에서 산다. 의류는 그저 면직물이 아니다. 옷에도 칩이 들어가고 웹과 연결됨으로써, 시시각각 내 몸의 생리적 상태와 그날그날 날씨의 변화와 이동하는 공간의 특성에 따라 진화하는 제2의 피부가 된다. 집도 마찬가지다. 집이란 온갖 집기와 가구로 둘러싸인 사물의 연합체가 아니다. 미래의 하우스는 모든 사물에 지능까지 주입할 것이므로 활물들의 융합체, 디지털-유기체가 되는 것이다. 그 집과 집들이 연합하는 도시 또한 초유기체가 될 것이며, 그 도시와 도시들이 결합하는 미래의 국가 또한 슈퍼오르가니즘으로 진화하는 것이다. 사람과 사물과 사건이 되먹임(Feedback)을 주고받는 사사천 물물천(事事天 物物天), 인내천(人乃天)을 생성해내는 것이다. 장차 옷도 집도 도시도 하늘처럼 한울처럼 생각하게 된다. 만인이 만물과 더불어 인지하고 판단하고 행동한다. 지구 차원의 초생각이 창조되고, 행성 단위의 초마음이 창출된다.

그래서 팔란티어가 자랑하는 최고의 서비스 이름도 '온톨로지'(ONTOLOGY, 존재론)다. 만물이 천물(天物)이 되는 빅데이터 문명의 존재론을 새롭게 다시 쓰고 있는 것이다. 사물도 정보도 하늘로서 하나가 되어간다. 만인과 만물과 만사가 이천식천, 지구적 그물망에서, 행성적 인드라망에서 흐르고 또 흐르는 것이다. 물의 순환처럼, 공기의 흐름처럼, 혈액의 운동처럼, 만물의 빅데이터가 인연과 인과에 따른 연기의 법칙에 따라 대순환하게 된다. 그래서 대양과 대기가 만나 생성되는 구름처럼 테크놀로지의 생태계에도 클라우드(CLOUD)가 중요해진 것이다. 가상과 실상이 만나는 디지털 구름에서 나도 둥둥 떠 있고, 나라도 졸졸졸 흐르게 된다. 제행무상(諸行無常)과 제법무아(諸法無我)가 리얼타임으로 피고 진다.

농업문명과 산업문명을 거치며 인류는 이 행성에서 자의식을 가진 유일한 종임을 자부했다. 돌아보니 지독한 자만이었다. 인간 지능이 매우 독특하다는 커다란 착각을 범했던 것이다. AI의 등장으로 분명해진 것은 인간 지능이 여러 지능 가운데 일부일 뿐이라는 것이다. 우주에는 수많은 종류의 지능과 의식이 가능하다. 식물과 동물에 이어 활물마저 등장함으로써 가장 중요한 점은 그것이, 아니 그들이 우리 종과는 다르게 생각하리라는 것이다. 우리보다 더 빠르게 생각하는 것이 아니라, 우리가 생각할 수 없는 것을 생각하게 되리라는 것이다. 실로 사피엔스는 다르게 생각하는 방법이 절박하다. 도래하는 디지털 문명에 부합하는 변법자강운동이 절실하다. 그래야 비로소 산업문명의 OS, 자유주의와 민주주의와 사회주의 등의 한계를 탈피할 수 있다.

나는 그 가능성을 2018년에 태어난 아들이 노는 모습에서 언뜻언뜻 발견한다. 이제 막 초등학교에 입학한 그 녀석은 올해 생일

선물로 휴머노이드를 사달라고 한다. 로봇을 들이면 뭐할 건데 물었더니, 숙제를 시키겠다고 한다. 로봇이 숙제를 해주면 너는 뭐할 거야 했더니 게임하고 놀 거란다. 옳거니 무릎을 쳤다. 과연 알파세대, 신인류의 등장이다. 농업문명과 산업문명에서 인간이 해왔던 모든 일은 로봇이 대신 해줄 것이다. 그들이 우리보다 훨씬 더 잘해낼 것이다. 우리에게 필요한 일은 인간의 일자리를 지키는 것이 아니라, 로봇을 위한 일거리를 계속 만들어내는 것이다. 산업문명이 초래한 환경파괴를 복구하는 것도, 지구의 대안을 화성에서 개척하는 것도 AI 로봇에게 맡길 일이다. 기계를 상대로 경주하면 사람은 진다. 그래서 게임의 룰을 바꾸어야 한다. 기계와 함께하는 경주로 패러다임을 전환하는 것이다. 로봇은 우리가 할 수 없었던 일도 해낼 것이다. 로봇은 우리가 할 필요가 있다고 상상조차 못한 일도 해나갈 것이다.

지구의 진화사에서 인류와는 다른 생각이 등장하고 있고, 다른 생산의 방식으로 의식주를 해결해갈 것이다. 응당 기존의 문명과도 다르게 생활하게 될 것이다. 생명-생각-생활-생산이 모두 바뀌는 것이다. 그런 차원에서 이세돌의 삶은 무한한 영감을 제공한다. 알파고에 패배한 이후로 바둑을 접었다. 그리고 지금은 보드게임을 만드는 일을 한다. 기왕의 게임에서는 AI를 이겨낼 수 없지만, 새로운 게임을 창조할 수는 있는 것이다. 그렇게 놀고먹는 것이다.

뛰는 놈 위에 나는 놈 있고, 나는 놈 위에는 노는 놈이 있다. 게임에 푹 빠진 아들 녀석은 남들이 플레이하는 게임 스트리밍 방송도 좋아한다. 남들이 노는 걸 보면서 또 노는 것이다. 나도 요즘은 그 녀석이 가장 좋아하는 마인크래프트와 로블록스를 '연구'하고 있다. 하루에 한두 시간씩 일부러 짬을 내어 미래 문명을 탐구한다.

마인크래프트(Minecraft)의 중국어 서비스 이름은 아적세계(我的世界)다. 나의 세계, 내가 만드는 세계다. 이 세계의 객(客)이 아니라 주(主)가 되어 신세계를 창조한다. 데카르트부터 김일성까지 궁구했던 주체의 세계를 단박에 초월한다. 주체가 아니라 주님이 되는, 창조주의 경험에 가깝기 때문이다. 4~5년에 한 번의 투표를 통해 억지로 주인 행세하는 유권자와는 차원이 다른 체험이다. 유일자에 방불하다. 로블록스 스튜디오는 직접 게임을 만들 수 있는 툴도 제공한다. 내가 만든 놀이판에서 다른 이들이 노는 모습을 보는 것 또한 희열이 대단하다. 창세기의 한 구절, "하느님 보시기에 참 좋았다"라는 말을 이제야 이해할 수 있을 것 같다. 내가 디자인한 세계 속에서 저들이 즐겁고 신나게 놀아주면 나에게는 고맙다며 리워드가 쌓이게 된다. 놀고먹기=Play to Earn, 선물경제와 보람경제가 가상세계에서 작동하는 것이다. 이것이야말로 신명 나는 신시(神市)가 아니던가.

스무 살이 넘어서야 바깥 세계를 쏘다녔던 아빠에 견주어 너는 어린 시절부터 드넓은 세상을 경험하라고, 태어난 지 백일 되던 날 여권을 만들어주었다. 그리고 상하이와 항저우를 시작으로 동서로는 영국부터 일본까지, 남북으로는 시베리아부터 오세아니아까지 데리고 다녔다. 그런데 웬걸, 디지털 세계는 리얼 월드보다 훨씬 더 크고 깊고 웅장하고 심오했다. 심지어 이 가상계는 무한한 신세계가 끝도 없이 펼쳐진다. 다세계와 다중우주가 모니터 너머에 이미 있던 것이다. 그 풍요로운 경험을 선사하는 멋진 천상계에서 나야말로 신출내기, 새내기였다. 절로 겸허한 마음으로 디지털 문명을 유랑하노라면 어쩐지 원시시대와도 깊이 연결되어 있다는 느낌마저 인다. 나는 아무것도 소유하지 않은 채 디지털 네이처의 복합단지를 돌아다니면서 수렵채집인처럼 행동하고 있는 것이다.

산업문명의 파수꾼인 아카데미의 지식인은 디지털 문명의 질주에 감시사회를 우려한다. 프라이버시가 중요하다는 자유주의적 신념을 발설한다. 그러나 그 또한 고작 200년짜리 관념일 뿐이다. 사생활 또한 근대의 기획물이다. 2만 년이 넘도록 인류는 모든 행동이 공개되고 눈에 띄며 아무런 비밀도 없는 씨족과 부족 생활을 영위했다. 인간의 마음은 끊임없는 공동 감시와 함께 진화해온 것이다. 상호감시야말로 우리의 자연 상태다. 불과 100년 전만 해도 이웃집 숟가락 숫자까지 알고 지냈다. 인류는 긴긴 세월 동안 그런 감시사회에서 살아왔기 때문에 서로를 끊임없이 추적하는 디지털 문명에 반발하는 움직임 또한 자연스럽게 사라져갈 것이다. 오늘의 중국인들이 그러하듯이, 내일의 미국인들도 데이터의 흔적이 추적 가능한 미래형 원시사회에 편안하게 적응해갈 것이다. 그리고 테크놀로지의 열매를 따 먹으면서 즐겁게 노닐 것이다.

저 기술의 생태계가 도대체 어떻게 작동하는지 잘 몰라도 하등 상관이 없다. 인간은 지금도 자연의 생태계를 완벽하게 이해하고 있지 않다. 하물며 우주에 관해서는 무지투성이, 암흑 상태다. 그러함에도 우주에 경이로움을 느끼고, 세계에 감사함을 표하며, 자연에서 행복감을 누린다. 무지의 자연과 미지의 우주로부터 은혜를 향유하며 잘 살아가는 것이다. 1.5kg, 인간의 두뇌는 무척이나 작다. 계산 속도도 무진장 느리다. 작동하는 기간도 길어야 100년 남짓이다. 애당초 이런 결함 많은 계산기가 세계를 제대로 이해할 리가 없다. 빅데이터와 인공지능과 양자컴퓨터가 창출하는 미래의 자연, 넥스트 네이처 네트워크 또한 마찬가지다. 결국 돌고 돌아 과거와 크게 다를 바가 없어진다. 오히려 인간에 대한 과대포장이 유난히도 극심했던 르네상스 이래 계몽령 시대를 성찰하게 될 것이다. 인간이 아닌 것들에 대한 태고의 경탄과 경외를 회복해갈 것이다. 이것이 진정 '오래된 미래'다. 산업문명의 대안으로 농업문명에 '생태문명'이라는 억지를 씌우는 것이 아니라, 디지털 우주생명문명으로 성큼성큼 나아감으로써 테크노-에덴동산을 창조하는 것이다.

소울(Soul)크래프트: 원시반본

알렉스 카프가 절차탁마한 소프트웨어가 아무리 출중하다 한들 팔란티어의 판로가 급격히 늘어갈 것 같지는 않다. 아메리카 퍼스트를 외치는 미국과 동맹국 간의 균열은 갈수록 커져갈 것이다. 미국과 유럽 사이도 나날이 소원해져갈 것이다. 서방세계(The WEST) 자체가 지리적으로도 이념적으로도 축소되거나 해체되어가는 판국인 것이다. 반면에 14억으로 훈련한 중국의 소프트웨어는 일대일로를 타고 글로벌 사우스 곳곳으로 확산되기에 유리할 것이다. 2050년 100억 인구를 기준으로 치자면 중국이 40% 이상의 빅데이터를 쥐게 될 것이고, 미국은 25%에도 미치지 못할 것이다. 2049년 신중국 100주년에는 미·중 간의 격차가 확연히 벌어질 것이고, 2076년 미국 300주년에는 50개 주가 연합한 형태의 미합중국 자체가 존재하지 않을 수도 있다.

그럼에도 '이건 정말로 새로운 미국이다'라며 이 책의 집필을 결심한 것은 4번 타자, J.D. 밴스 때문이다. 이 1984년생 부통령이야말로 설계자 피터 틸, 선봉장 일론 머스크, 수호신 알렉스 카프와는 또 다른 차원에서 뉴-아메리카를 상징하기 때문이다. 틸이 작전을 짜고(Planning), 머스크가 제작을 하고(Engineering), 카프가 운영을 한다면(Programming), J.D. 밴스는 무릎을 꿇고 기도를 올린다

(Praying). 10여 년 전 《유라시아 견문》을 쓰면서 확인했던 탈세속화=재(再)영성화의 메가트렌드를 신대륙에서도 구현할 신세대 정치인이다. 미국조차 재영성화의 물결에 합류할 것이라고는 당시에는 꿈에도 생각지 못했다. 심지어 밴스는 프로테스탄트가 아니라 가톨릭으로, 신교에서 구교로 개종까지 했다. 회개하고 회심하여 복지국가 너머 영혼을 어루만져주는 복음국가를 궁리하는 것이다. 팔란티어가 모티브를 따온 《반지의 제왕》의 작가 톨킨 역시 신실한 가톨릭 신자였음을 고려하면 더욱 흥미롭다. 프랑크푸르트학파와 교토학파가 계몽과 이성을 반성하고 있었던 바로 그 1939년에 톨킨은 제1권《반지 원정대》를 완성했다. 모더니즘의 사생아들인 공산주의와 전체주의와 자유주의의 파탄에 직면하여, 유구한 전통을 옹호하고 웅숭깊은 영혼을 옹위하며 교황의 회칙으로 경영되는 '오래된 미래'의 판타지를 써 내려갔던 것이다.

즉 산업문명 국가 미국을 개벽하려는 방향은 이중적이다. 한쪽은 수학=테크놀로지라는 물질개벽으로 민주주의를 대체하려고 한다. 다른 한쪽은 신학(Theology)이라는 정신개벽으로 자유주의를 대신하려고 한다. 1999년 12월 31일 푸틴의 등장 이래 유라시아의 거의 모든 나라에서 전개되었던 포스트-리버럴리즘의 물결이 마침내 아메리카의 본진에까지 당도한 것이다. 1999년 푸틴은 47세였다. 2025년 밴스는 41세다. 만약 4년 후 45세에 대통령이 된다면 푸틴보다 더 어린 나이에 국정을 책임지게 된다. 푸틴은 동로마 제국을 계승하여 21세기의 러시아를 동방정교대국으로 재건했다. 밴스 역시 21세기의 미국에서 서로마제국을 재생시키고 가톨릭대국을 부활시키고자 할까? 바티칸에서 새로이 등장한 교황과 함께 쌍두마차가 되어 성속 합작, 고금 합작에 나설 것인가? 과연 신대륙의 밴스가 구대륙의 푸틴처럼, 에르도안처럼, 시진핑처럼, 모디처럼 계몽을 격몽으로 맞받아치는 대반전의 시대에 합류할까? 자유-민주-공화국 올드 아메리카를 뒤로 하고, 새로이 부상하고 있는 디지털-기독교-제국으로서 뉴-아메리카의 향배를 쥐고 있는 인물이 바로 J.D. 밴스다. 자유와 평등과 우애 대신 믿음과 소망과 사랑을 앞세우고자 하는 미국판 원시반본(原始返本)의 신기수, 밴스를 살펴본다.

J.D. 밴스
James David Vance

1984년생. 트럼프 2기 부통령. 러스트 벨트의 노동계급 출신으로 비록 어린 시절은 불우했으나, 해병대로 예일대 로스쿨로 실리콘밸리로, 그리고 베스트셀러 작가에서 38세에 상원의원, 40세에 부통령에 이르기까지 아메리칸 드림의 화신이라고 할 만하다. 자유-민주-공화국 올드 아메리카를 뒤로 하고, 디지털-기독교-제국으로서 새로운 아메리카의 향배를 쥐고 있는 인물이 바로 밴스다.

돌아온 탕자: 테크놀로지와 시올로지(Theology)

회심: 수신제가

1984년생이다. 1979년과 1989년 사이에 태어났다. 1979년 중국은 개혁개방을 시작했고, 1989년 베를린 장벽이 무너졌다. 소련과의 경쟁, 냉전에서 미국이 승리한 것이다. 그러나 속 빈 강정, 안으로는 곪아가고 있었다. 탈냉전은 밴스가 태어난 오하이오주에서는 탈산업화를 의미했다. 냉전기만 해도 제법 먹고살 만한 곳이었다. 철강회사 ARMCO(American Rolling Mill Company)가 미들타운의 경제적 중추였다. 산업문명의 핵심인 제철산업의 요람으로 애팔래치아 주민들에게 안정적인 일자리를 제공했다. 블루칼라 노동자에게 아메리칸 드림을 제공하는 자부심의 원천이었던 것이다. 가족을 건사하는 가장들은 퇴근 후에도 회사 로고가 박힌 작업복을 자랑스럽게 입은 채 치맥을 곁들여 야구와 농구를 즐겼고, 어머니들은 자식이 대학에 진학할 수 있도록 가정에서 열심히 뒷바라지를 했다. 근면-자조-협동으로 중산층이 될 수 있었던 산업역군의 새마을이었던 것이다. 애사심이 충만했고, 애국심도 넘쳐흘렀다. 그러나 1990년대 이래 새마을은 활기를 잃고 만다. 외국으로 떠난 공장 지대에는 슬슬 녹이 슬기 시작했다. J.D. 밴스는 바로 그 불운한 이행기에 태어난 밀레니얼 세대의 표본이었다.

산업의 쇠퇴는 곧장 가족의 붕괴로 이어졌다. 밴스의 부모도 이른 나이에 이혼한다. 어머니는 평생 약물과 알코올, 마약 중독에 시달렸다. 모성애, 무조건적이고 전폭적인 사랑을 엄마에게 받아본 적이 없다. 제대로 된 애착 관계를 형성하지 못한 것이다. 엄마는 아들을 보살피기보다는 새 남자들을 찾아다녔다. 다섯 명의 새 아빠를 경험한다. 아버지다운 아버지도 경험한 적이 없다. 엄마 곁에 잠시 머물다 금방 떠나버리는 무책임한 사내들을 차례차례 지켜보았을 뿐이다. 밤마다 이어지는 고함 소리와 가구 부수기 등 격렬한 부부싸움은 밴스의 유년기에 치명적인 상처를 남겼다. 이 집, 저 집 전전하며 구성원이 매번 바뀌는 가정 또한 좀처럼 편안하지 못했다. 늘 불안하고 혼란스러웠다. 정신적인 결핍감과 정서적인 상실감은 곧장 신체에도 영향을 미쳤다. 체중이 급격히 불어났고,

J.D. 밴스

자주 복통을 호소했다. 몸도 허물어져갔고 마음도 무너져내린 것이다.

핵가족이었다면 핵분열되었을 것이다. 그나마 다행인 것은 밴스의 주변에 대가족이 건재했다는 점이다. 애팔래치아 특유의 대가족 문화가 완전히 사라지지는 않았던 것이다. 누이와 이모와 삼촌과 사촌이 저마다 일정한 역할을 해주었고, 그중에서도 단연 가장 소중한 사람은 외할머니였다. 굳세어라 금순아처럼 그 어떤 시련에도 굴하지 않고, 근면하고 성실하며 회복력이 튼튼한 할머니가 곁을 지켜주었다. 엄마를 떠나 외할머니와 함께 살면서 비로소 따뜻하고 포근한 가정생활을 경험하게 된다. 일정한 집에서 동일한 가족과 사는 평범한 일상을 마침내 누리게 된 것이다. 비록 넉넉한 형편은 아니었지만 소박한 살림살이 가운데서도 우리 강아지 손주에 대한 아낌없는 사랑과 지지를 보내주셨다. 그제야 정서적으로 안정되면서 학업에도 집중할 수 있었다. 앞으로의 진로를 계획하고 미래에 대한 꿈도 품을 수 있었다. SAT(수학능력평가시험) 성적도 제법 훌륭했다. 필요한 것은 스스로 학비와 생활비를 충당하는 것이었다. 선택지가 많지는 않았다. 해병대에 입대하기로 한다.

가난했던 고로 4년이나 복무한다. 그러나 군대는 돈 이상의 것을 선사했다. 규율 잡힌 일상을 학습한 것이다. 인격적으로 전혀 다른 사람으로 거듭나는 시기였다. 아침 일찍 일어나는 법, 침대를 가지런히 정돈하는 법, 월급을 안정적으로 관리하는 법 등 그동안 부모로부터 제대로 배우지 못했던 반듯한 생활습관을 갖추게 되었다. 매일 아침 5시에 일어나 2마일을 달리는 것부터가 새로운 인생의 출발이었다. 팔굽혀펴기와 윗몸일으키기의 횟수가 늘어날수록 탄탄한 근육만큼이나 단단한 자신감도 불어났다. 불행한 어린 시절을 겪으며 생겼던 상실감과 우울증을 차츰차츰 극복하기 시작한 것이다. 신체적으로 강건해지면서 정신적으로도 건강해졌다. 무언가를 할 수 있겠다는 희망이, 아니 무엇이라도 해낼 수 있다는 자신감이 무럭무럭 피어났다. 자기 자신을 믿기 시작한 것이다. 군대수첩 또한 유용한 수단이 되어주었다. 하루하루 일과를 세우고 그날그날을 되돌아보는 습관이 들었고, 주간과 월간, 1년을 장기적으로 계획하고 실천하는 방법도 터득하게 되었다.

    가장 중요한 변화는 밴스 자신이 스스로를 리더로 보기 시작했다는 점이다. 그는 해병대에서 효과적인 리더십을 배우게 되었다. 리더는 명령이 아니라 솔선수범함으로써 존경을 얻고, 그에 대한 보답으로 존중을 받는 것임을 익힐 수 있었다. 고향에서는 경험하지 못했던 다양한 배경의 사람들과 함께 일하면서, 상이한 개인들을 공동의 목표 아래 응집력 있게 단결시키는 군대 특유의 원리를 학습하게 된 것이다. 마침 2001년 9·11 테러와 2003년 이라크 전쟁으로 애국심이 한창 고양되었던 시절이다. 이라크의 최전선에 파병된

해병대로서 나라를 사랑하는 마음 또한 장착하게 된 것이다.

제대한 이후 밴스는 다른 사람이 되어 있었다. 중고등학교 시절과는 달리 오하이오 주립대학에서의 학업 성적은 탁월했다. 알바 셋을 뛰면서도 빡빡한 수업 일정을 소화했건만, 아침이면 동트는 해를 바라보며 조깅을 하면서 미래를 향해 박차고 달려나갔다. 다음번 목표도 뚜렷하게 세웠다. 고향을 떠나 미국의 중심부로 진입하고자 했다. 중서부 내륙의 러스트 벨트를 벗어나 동부나 서부의 해안 도시로 진출하고자 한 것이다. 일일신 우일신(日日新 又日新), 노력하고 또 노력했다. 결국 예일 대학교 로스쿨에 진학하게 된다.

마침내 입성한 아이비리그는 애팔래치아 촌놈에게는 일견 할리우드 같은 곳이었다. 네오고딕 양식 건축물의 웅장함과 유서 깊은 역사가 경외감을 더했다. 토니 블레어 영국 총리 같은 세계적인 젊은 리더들이 캠퍼스에서 강연을 하면 엄청난 군중이 학교로 몰려들었다. 예일대 로스쿨은 역대 대통령과 국무장관, 대법원 판사 등을 여럿 배출한 교육기관이었다. 미국의 리더십을 형성하는 데 결정적인 영향을 미친 곳이다. 예일대 로스쿨에서 보내는 나날이 초현실적인 판타지 같았다.

그러나 다른 한편으로 깊은 소외감도 느꼈다. 자신이 나고 자란 세계와는 너무나도 달랐기 때문이다. 명문대학답게 DEI, 즉 다양성(Diversity), 형평성(Equity), 포용성(Inclusion)을 역설하고 있었지만 학교 친구들은 전혀 다양하지 못했다. 노동계급 출신은 무척 드물었으며, 해병대를 퇴역한 군인 출신은 더더욱 적었다. 군대 4년 동안 아껴 모았던 월급만큼을 부모로부터 생활비로 받는 상층부 친구들이 훨씬 더 많았다. 특권층의 아성이었던 것이다. 아웃사이더, 흙수저 출신의 촌뜨기라는 자괴감이 일었다. 아무리 노오력을 한들 메워질 수 없는 격차가 현저해 보였다. 먹는 것부터 입는 것까지 아비투스가 너무나 달랐다. 고급 레스토랑에서의 만찬과 사교는 어색하고 불편하여 고역이기만 했다. 밴스는 사회를 좌-우로 보지 않고 상-하로 보기 시작했다. 내부자들의 네트워크로 작동하는 견고한 엘리트 세계, 딥스테이트를 발견한 것이다.

그나마 밴스가 정신줄 놓지 않고 아이비리그를 버텨낼 수 있었던 것은 훗날 배우자가 되는 우샤를 만난 덕분이다. 2013년 토론 동아리에서 '미국 백인의 사회적 쇠락'이란 주제로 대화를 나누다 사귀게 되었다. 불과 1년 후, 2014년에 결혼한다. 그만큼 홀딱 반했다. 무엇보다 우샤로 인하여 어린 시절의 트라우마를 극복하게 된다. 우샤는 종교적인 가정에서 자랐다. 장인은 공학자였고 장모는 생물학자였는데, 두 분 모두 독실한 힌두교 신자였다. 그들이 훌륭한 부모 역할을 하는 데 종교가 큰 역할을 했다고 한다. '미국 백인의 사회적 쇠락'을 몸소 경험했던 남편을 위해 심리상담을 주선한 것도 우샤였다. 밴스는 낯선 사람에게 자신의 감정을 나누는 것만으로도 신체적인 불안을 느꼈다. 부모의 별거와 이혼, 중독과 폭력 등 충격적인 사건의 연속이 성인이 되어서도 지속적인 상처를 남겼던 것이다.

버림받은 것, 모욕당한 것, 폭력을 목격한 것, 갖가지 중독 속에서 자란 것, 끊임없는 불안정을 경험한 것 등 밴스의 어린 시절은 러스트 벨트 노동계급의 보편적인 현상이었다. 유년기에 이러한 스트레스에 노출된 사람은 뇌 화학이 근본적으로 뒤바뀐다. 다시 험난한 상황을 직면하면 당시의 트라우마가 재차 발현되곤 한다. 즉 만성적인 불안증은 경제적 어려움을 해소한다고 해서 해결되는 것이 아니었다. 심리적으로 영구적인 악순환을 야기할 수 있다. 불안 세대, 분노 세대 등은 세대적이고 계급적인 사회심리 현상이었던 것이다.

천만다행으로 밴스는 우샤를 통해 탈출구를 발견한다. 그녀의 가정은 가족 간의 사랑과 헌신과 소통의 모범을 보여주었다. 오손도손 서로 아끼고 보살피고 노력하는 우샤네 모습은 밴스가 자라면서 겪었던 비난과 다툼의 악순환과 극명한 대조를 이루었다. 그는 그녀를 통하여 다른 종류의 인간관계, 상호 존중에 기초한 관계의 가능성을 보았다. 조바심과 초조함이 아니라 인내심과 평정심 또한 기를 수 있었다. 현모양처와 더불어 세 명의 자식을 키우면서 한 번도 제대로 경험하지 못했던 아버지 역할도 원만하게 수행하게 된다. 즉 밴스와 우샤의 결합은 예일대 로스쿨 출신 엘리트 간의 흔한 결합에 그치지 않았다. 백인 노동계급과 유색인 중산층의 결합이었고, 애팔래치아 토박이와 캘리포니아 인도계 이민자의 융합이었으며, 기독교 가정과 힌두교 가정의 만남이기도 했다. 계급, 지역, 문화, 종교 등 21세기 미국이 직면하고 있는 사회적 과제가 한 가족 안에 녹아들었던 것이다. 해병대를 통해 규율 잡힌 리더십을 익힌 밴스는 결혼을 하고 가정을 꾸리면서 조화로운 리더십도 키우게 된다.

회고: 금의환향

리더는 방향을 제시하는 사람이다. 미래를 선지하고 선점하는 자가 리더다. 2011년 밴스는 일생일대의 리더, 인생의 멘토를 만나게 된다. 피터 틸이 예일 대학교에 강연하러 온 것이다. 특별한 기대 없이 참가한 자리였지만, 그의 인생을 송두리째 바꾸는 순간이었다. 틸은 예일대 로스쿨로 상징되는 엘리트의 세계를 신랄하게 비판했다. 사회적 성공과 인생의 목적에 대한 전혀 다른 관점을 제시했다. 지위 경쟁에 매몰된 미국의 엘리트 문화가 국가 전체의 혁신을 가로막고 있음을 역설했다. 더 높은 자리를 얻기 위해 끊임없이 경쟁하지만, 공허하고 무의미한 인생으로 청춘을 허비하지 말라고 일침을 놓았다. 이 세상을 실제로 바꿀 수 있는 원대한 꿈을 꾸고 도전하라고 부추겼다.

밴스는 번개를 맞은 듯한 충격을 받았다고 한다. 그가 그토록 기어오르고자 했던 신분 상승과 입신양명의 꿈에 죽비를 내리치고 있었기 때문이다. 왜 로스쿨을 나와 법조계에 취직하고 싶었는지, 처음으로 진지하게 되물어볼 시간을 가지게 되었다. 틸의 격정적인 강연은 밴스가 추구했던 성공에 대한 집착이 그 어떠한 숭고한 목적과도 무관하다는 진실을 직시하게 해주었다. 나는 왜 태어났는가, 무엇을 하고 싶은가, 무엇을 위하여 한평생을 살아갈 것인가, 숙고하게 되었다. 살아남기, 생존에 급급하여 차마 던지지 못했던 근본적이고 근원적인 질문을 던지게 된 것이다. 틸이 대학을 때려치우고 창업을 권하는 운동을 펼쳤던 것처럼, 밴스 또한 자신이 추구해왔던 법률가로서의 커리어를 포기하기에 이른다. 변호사가 되는 것은 그가 진정으로 원하는 일이 아니었다. 타인의 욕망을 고스란히 답습하고 있었을 뿐이다.

밴스는 틸을 따라 서부로 이주한다. 동부의 엘리트 세계를 떠나서 서부의 혁신가들과 조우한다. 실리콘밸리에 당도한 것이다. 느지막이 테크놀로지 기업을 창업할 수는 없었다. 그 대신 틸의 조언에 따라 테크기업에 투자하는 벤처 캐피털리스트가 될 수는 있었다. 밴스는 틸이 공동 설립한 벤처 캐피털 회사, 미스릴 캐피털(Mithril Capital) 매니지먼트에 합류한다. 미스릴은 혁신적인 기술과 미래산업에 장기적으로 투자하는 회사였다. 미스릴에서 다양한 투자 경험을 쌓은 밴스는 테크산업의 운영 방식에 대한 이해가 깊어졌다. 무엇보다 모험을 감수하는 리스크-테이킹(Risk-Taking)의 가치를 배울 수 있었다. 로스쿨의 법률가들은 늘 과거의 일을 다루기에, 위험을 감내하지 않는 현상 유지에 가까운 태도를 보였다. 법조계의 문화와 실리콘밸리의 문화는 천양지차였던 것이다. 반면에 테크 창업가들은 커리어를 관리하는 게 아니라 실험하고 도전하고 혁신하는 정신이 DNA로 아로새겨져 있었다. 마인드셋이 전혀 다른 종자들과 어울릴 수 있게 된 것이다.

　동시에 밸리의 한계도 인지할 수 있었다. 중단 없는 기술혁신으로 추동되는 신세계였지만 정작 미국의 실질적인 문제들을 해결해나가는 것 같지는 않았다. 오히려 자신이 애팔래치아에서 경험했던 사회적 과제와 동떨어진 서비스들을 개발하면서 막대한 부와 영향력을 쌓아가는 밸리에 깊은 아쉬움을 느꼈다. 밸리의 창업가 정신은 경탄스러웠지만, 그들이 개발해내는 서비스에는 비판적이었던 것이다. 그 위대한 테크놀로지를 통하여 사회적 문제를 해결하고 싶었다. 투자업계의 용어를 빌린다면 '임팩트 투자'에 눈을 뜬 것이다. 기술을 통하여, 투자를 통하여 사람의 문제를, 사회의 난제를 해결하는 임팩트를 창출하고 싶어졌다. 기술을 통한 정치에 눈을 뜨게 된 것이다.

여기서도 틸은 멘토 역할을 톡톡히 한다. 밴스에게 테크놀로지의 세계만 알려준 것이 아니다. 신학(Theology)의 세계로 이끈 것 역시 틸이다. 탈산업화의 문제를 테크놀로지로 보충하는 것만이 아니라, 탈세속화의 대안을 기독교에서 구하는 착상 또한 틸에서 비롯된 것이다. 틸은 빼어난 기술사상가였을 뿐만 아니라 독실한 기독교인이었다. 특히 스탠퍼드 대학의 르네 지라르(Rene Girard)를 평생의 스승으로 모셨다. 2015년 지라르가 눈을 감았을 때 곡진한 추도사를 낭독한 이도 틸이었다. 지라르를 사사하며 기독교에 열린 태도를 보이는 틸의 모습은 밴스의 호기심을 자극했다. 특히 인간의 욕망은 타인의 욕구에 의해 형성된다는 지라르의 '모방적 욕망'(미메시스) 개념은 밴스가 예일대에서 느꼈던 압박감을 이해하는 데 도움이 되었다. 무엇보다 밴스에게 가장 큰 영향을 미친 것은 '희생양' 만들기에 대한 지라르의 탐구였다. 지라르는 인류 문명이 희생양에 대한 폭력 행위를 통해 통합된다고 주장했다. 그러나 오로지 기독교에서만 이러한 양상이 역전되는바, 궁극적인 희생양인 그리스도는 그 명백한 도덕적 무죄로 인하여 오히려 인류가 집단적 죄책감에 직면하도록 하는 것이다. 즉 기독교를, 자신의 결점을 타인에게 투사하는 인간의 경향(희생양 만들기)에 대한 비판으로 해석한 것은 밴스에게 깊은 공감을 불러일으켰다. 내 탓이요, 내 탓이요, 내 큰 탓이로소이다. 남 탓하며 타자와 외부를 비난하는 것에서 내적인 책임으로 전환하는 것의 중요성을 깨닫게 된 것이다.

르네 지라르는 1923년 프랑스 아비뇽에서 성탄절에 태어났다. 그래서 그의 본명에는 성탄절을 의미하는 '노엘'이 있다. 또한 하느님에 대한 사랑 혹은 하느님에게 사랑받았다는 의미의 '테오필레'(Theophile)가 붙어 있기도 하다. 2005년 지라르는 '불멸의 40인'으로 불리는, 프랑스 지식인의 최고 명예인 '아카데미 프랑세즈' 종신회원에 만장일치로 선임되었다. '기독교의 헤겔'로 평가되기도 하고, '인문학의 아인슈타인'으로 불리기도 한다. 그는 2004년에 대담 형식으로 자신의 연구를 총망라한 《문화의 기원》(Les Origines de la Culture)을 출판했는데, 명명백백 다윈의 《종의 기원》을 염두에 둔 것이었다. 그래서 '인문학의 다윈'으로 평가되기도 한다. 지라르는 원래 불가지론자였으나, 지적인 회심과 종교적인 회심 끝에 1959년 부활절에 기독교로 돌아오게 된다. 그리고 세속화된 인문학계를 다시금 유대-기독교 전통으로 회귀시키려 애썼던 거목으로 평가받는다. 그는 대학에 만연한 상대주의의 득세를 비판하고, 기독교의 르네상스를 꿈꾸었다. 대학에서 포스트모더니즘의 아무말 대잔치가 끝나고 나면 결국 교회의 복음으로 되돌아가지 않을 수 없을 것이라는 영성의 르네상스를 예언했던 것이다.

J.D. 밴스

우샤를 만나 안정적인 가정을 이루고, 틸을 만나서 기술신학(Techno-Theology)이라는 세계관을 완성한 밴스는 2013년부터 자신의 인생을 회고하는 《힐빌리의 노래》를 집필한다. 완성까지 3년이나 걸렸지만, 틸의 조언과 우샤의 지지로 출판에 이를 수 있었다. 2013년 초고를 쓰기 시작했을 때에는 여전히 분노의 어조가 없지 않았다고 한다. 특히 어머니에 대한 원망이 가득 담겼다. 그러나 자신의 이야기를 미국 사회의 좀 더 넓은 지평에서 재조망하는 시야를 확보하면서 관점 또한 한층 심화되었다. 그래서 정치적 좌우를 넘어서 폭넓은 독자들에게 공감을 얻고 깊은 반향을 일으켰다. 〈뉴욕 타임스〉는 "동정심 많고 분별력 있는 사회학적 분석"이라며 찬사를 보냈다. 곧장 전국적인 베스트셀러가 되었고, 넷플릭스 영화로도 제작되면서 밴스는 일약 유명인사가 되었다. 마침 2016년 대선 국면에 출간되었기에, 그의 책은 왜 백인 노동자들이 트럼프에 열광하는지에 대한 간접적인 대답이 되어주었다.

셀럽으로서 발언권이 생긴 밴스는 공화당과 민주당을 포함한 정치·경제적 기득권층에 대한 비판을 이어갔다. 30대 논객의 등장으로 새로운 보수주의 운동에서 주도적인 목소리를 내면서 입지를 굳혀갔다. 마침내 2022년 직접 정치에 뛰어든다. 고향 오하이오주를 대표하여 미국 상원의원에 출마한 것이다. 그의 선거 캠페인은 문화적 보수주의와 경제적 민중주의의 결합으로 설명할 수 있다.

"문화전쟁은 곧 계급전쟁이다"라고 주장한 밴스의 자유주의 비판은 진보적 이데올로기가 미국 중산층과 노동계급의 가치를 침식하고 있다는 그의 경험을 반영한 것이었다. 흥미로운 것은 보통의 정치인처럼 경제적이고 사회적인 차원만이 아니라, 심리학과 신학 등 '영혼을 돌보는 정치'(Soulcraft)가 미국에 절실함을 누구보다 앞장서 주장했다는 점이다. '영혼 정치'를 내세우는 밀레니얼 세대 정치인의 등장으로 새로운 공화당의 정체성도 한층 또렷해지게 되었다. 올드한 민주당이 여전한 세속화 세력의 보루라고 한다면, 뉴 공화당은 새로운 탈세속화 운동의 거점이 되었다. 실제로 밴스는 2016년 책 출간과 2022년 상원의원 출마 사이, 2019년에 세례를 받는다. 신교에서 구교로, 기독교의 근본으로, 가톨릭으로 되돌아간 것이다. 세례명은 더더욱 의미심장하다. '아우구스티누스'였다.

회개: 지상천국

언뜻 출세가도를 달려온 인물이다. 비록 어린 시절은 불우했으나, 해병대로 예일대로 실리콘밸리로, 그리고 베스트셀러 작가에서 38세에 상원의원에 당선되기까지 아메리칸 드림의 화신이라고 할 만하다. 21세기에도 개천에서 용이 날 수 있음을 몸소 입증한 것이다. 그것도 모자라 39세에는 부통령 후보로 지목된다. 러스트 벨트의 노동계급 출신을 부통령으로 삼음으로써 공화당은 다시 한번 인민정당, 민중정당으로 변모했음을 만천하에 공인했다.

밴스는 2024년 7월 공화당 전국대회의 지명 수락 연설에서 본인의 역할을 정확하게 언명했다. 미국의 지배계급(Ruling Class) 반대편에 자신을 위치시켰다. 그리고 바이든 대통령을 직격했다. 밴스가 초등학교 4학년 때, 바이든이라는 직업정치가(Career Politician)가 북미자유무역협정(NAFTA)을 지지하여 수많은 직장을 멕시코로 보내버렸다. 고등학교 2학년 때는 바이든이라는 지배계급 정치인이 중국에 유리한 무역협정을 체결하여 미국 제조업을 이전시킴으로써 중산층의 고용을 더욱 어렵게 만들었다. 고등학교 3학년 때는 그 바이든이 파멸적인 이라크 침공을 상원의원으로서 지지했었다. 그 각각의 과정에서 일자리는 해외로 유출되었고, 자신과 같은 가난한 집 아이들은 전쟁터로 가야 했다. 그 무책임한 지배계급의 전횡으로 가족과 공동체가 무참하게 파괴된 것을 직접 경험한 정치가가 이제 미국의 새로운 세력으로 등장했음을 선포한 것이다. 1980년대에 태어난 30대 리더로서, 세대 교체와 시대 교체의 상징이라고 해도 모자람이 없는 데뷔 무대였다.

그러나 계급투쟁만으로는 여전히 부족하다. 복지국가만으로는 오래 지속될 수 없음을 지난 세기 소련이 이미 보여주었다. 밴스가 정치 입문 직전에 개종하여 세례명을 아우구스티누스로 삼았음을 유심히 살펴보아야 한다. 기독교 사상사에서 아우구스티누스는 《고백록》과 《신국론》으로 대표되는 위대한 교부다. 《고백록》 또한 《힐빌리의 노래》처럼 자서전 형태를 취한다. 아우구스티누스는 고해성사하듯 자신의 생애를 대화 형식으로 재구성한다. 회심 이전의 방탕했던 청년 시절과 지적·종교적 고뇌를 비롯하여 새로운 신앙생활의 영적 열매인 묵상과 기도에 이르기까지, 자신이 겪은 내적 체험을 절절하게 표현한다. 회심은 긴 항해 끝에 만나는 항구와도 같다. 하느님의 섭리와 조우한 그곳에서는 은총으로 태어나는 기적을 맛보고 경축한다. 아우구스티누스 사상의 핵심은 사랑이다. 자유도 평등도 아닌 오직 사랑만이 하느님의 지고한 가르침이다. 영원하고 변함없는 그 사랑은 최고의 선이요, 최상의 아름다움이다. 계몽을 넘어서는 계시가 바로 여기에 있다.

《신국론》(神國論)은 그 은총과 사랑의 대헌장이 구현되는 하느님의 도성을 노래한다. 인류의 새 역사를 써 내려가는 그리스도인의 믿음과 소망과 사랑의 장엄한 교향곡이다. 지상의 도성은 선과 악, 의인과 악인, 자기애와 하느님에 대한 사랑의 대립으로 묘사된다. 교만이 겸손에 맞서고, 지배가 순명에 맞서며, 쾌락과 자기애가 모든 이를 향한 사랑과 선에 맞선다. 섭리의 하느님께서는 인간을 지상의 도성에서 천상의 도성으로 인도하시고자 한다. 그리고 그 중심에는 구세주 그리스도가 있다. 고로 그리스도는 인간이 가야 할 목적지이자 인간이 걸어가야 할 길이다.

《신국론》에 빗대어 보자면 미국은 인간의 도성의 전형이었다. 자유주의라는 이름의 교만한 자기애가 번성하고 번창한 땅이었다. 짧게는 밴스가 경험했던 지난 40년의 신자유주의 시대가 그러하고, 길게는 미국사 250년이 통째로 그러했으며, 더 나아가서는 종교개혁과 르네상스 이래 계몽주의 500년이 모두 하느님의 도성을 거부하고 지상의 도성을 만들어보고자 했던 아담과 이브의 실험이었다. 21세기의 아우구스티누스로서 밴스는 그 역사적 실험에 종언을 고하고자 한다. '역사의 종언'이라는 말처럼 단지 자유주의로 인류의 역사가 마감되는 것이 아니라, 인간이 오로지 인간의 힘으로만 역사를 개척할 수 있다고 자만했던 '빛의 혁명' 500년사에 마침표를 찍고자 하는 것이다. 개인적 차원의 회심을 넘어서 정치적인 회개와 문명적인 개과천선을 도모하는 인물인 것이다.

특히 가톨릭 현대사상의 '통합주의'와 상통하는 바가 크다. 스스로 통합주의자라고 말한 바도 있다. 가톨릭 통합주의는 자유주의로 운영되었던 현대 사회에 결핍된 도덕적 기반과 '좋은 삶'이라는 목적의식을 어떻게 제공할 수 있을지 진지하게 고찰한 결과물이다. 마치 중세 초기 아일랜드 수도사들이 로마제국의 붕괴에 맞서 기독교 학문과 문화를 보존했던 것처럼, 이 새로운 가톨릭은 쇠퇴하는 서구 사회의 혼돈 속에서 신앙과 질서의 보루로서 성장해왔다. 이 새로운 가톨릭 공동체는 자유주의 사회의 원자화되고 이기적인 개인들과는 대조적으로, 신앙과 소명의 무게를 온전히 받아들인다. 대가족, 홈스쿨링, 전통 보존에 대한 집중은 가톨릭 통합주의의 공통적인 특징이다. 가화만사성, 가족을 '가정 교회'로서 중심에 두는 삶으로의 회귀를 요구한다. 이렇게 새롭게 탄생한 가톨릭 통합주의 국가는, 자멸하고 있는 자유주의 국가 이후에 등장할 22세기의 미래국가이자 개벽국가로서 부활과 재림을 도모하고 있는 것이다.

통합주의의 비전 속에서는 대학과 교회의 위상도 역전된다. 대학에서 가르치는 파편적인 지식은 장차 모두 AI로 대체될 것이다. 오로지 교회가 가르치는 하느님의 복음이야말로 인간을 감동시키고 감화시킬 수 있다. 시민의 개념도 바뀌어갈 것이다. 자유로운 개인들(市民)이 아니라, '모시는 사람들'(侍民)이 된다. 국가는 이 하느님을 모시는 사람들의 영적 안녕을 지향해야 한다. 자유주의처럼 '네 멋대로 살라'가 아니다. 인간은 오로지 하느님의 말씀 속에서만 대자유를 누릴 수 있기 때문이다. 기실 이 시스템은 중세 시대 내내 번성하며 응집력 있는 문명을 형성했었다. 세속국가는 300년 버티기도 어렵지만, 중세 문명은 동/서로마를 막론하고 천년국가를 달성했다. 실리콘밸리의 기술주의자들이 '암흑 계몽'을 내세우며 절대군주가 지배하는 도시자치를 염원하는 것과 흡사하게도, 가톨릭의 통합주의자들도 개별 국가들로 쪼개져 신/구, 좌/우가 난립하던 500년 춘추전국시대를 평정하고 교황이 훈시하는 서방세계의 대일통을 소망하고 있는 것이다.

2025년, 21세기하고도 사반세기를 통과하면서 인간의 이성만이 사회를 질서 지을 수 있다는 계몽주의의 주장은 순진한 것으로 드러났다. 개인을 모든 제약에서 해방하려는 열의에 사로잡힌 자유주의는 도덕적·영적 가치의 중요성을 간과했다. 이러한 가치 없이는 사회가 지속될 수 없음을 확인케 된 것이다. 실로 모든 현대인은 영혼이 아프다. 의학의 초가속적 발달에도 불구하고 정신병이 제1의 질환이 되었다. 바로 이러한 맥락에서 가톨릭 통합주의가 부상하고 있는 것이다.

특히 통합주의 국가에서 가장 중요한 단위는 가족이다. 오늘날 자유주의 사회에서 적나라하게 드러나는 가족의 붕괴는 단순히 문화적 문제가 아니라 정치적·도덕적 문제다. 통합주의 국가는 안정적인 가정을 육성하는 데 적극적인 역할을 해야 한다. 또한 앞으로 교육이란 더 이상 직업의 준비가 아니게 된다. AI와 로봇이 농업문명과 산업문명이 산출한 모든 일을 대체할 것이기 때문이다. 인간의 일이란 일어나는 것, 일깨우는 것, 깨어나는 것이 된다. 인간이 배워야 하는 것도 사람으로서의 도리가 된다. 가정생활의 의무와 공동체 일원으로서의 책임부터 배우는 것이다. 개인의 성공이나 성취에 초점을 맞추는 것이 아니라, 아버지로서 어머니로서 형제와 자매로서 자녀로서 살아가는 소학과 가학이 핵심 강령이 된다. 나아가 신앙 기반 사회의 공동체 구성원으로서 어떻게 살아가야 하는지를 배우게 될 것이다. 즉 교육이란 영성의 훈련, 도덕의 도야에 뿌리를 두게 될 것이다. 하느님과 가족과 사회에 대한 의무를 이해하고 행하는 전인적 인재를 양성하는 것이다. 인권의 폭주는 절제되고, 인격의 함양이 강조될 것이다.

고로 밴스가 뿌리를 두고 있는 가톨릭의 지적 전통은 계몽주의와 자유주의, 공화주의에 바탕한 미국의 헌법과도 어긋나는 지점이 없지 않다. 2026년 건국 250주년을 목전에 두고 미국사의 거대한 변곡점을 상징하는 인물인 것이다. 그는 30대 초중반 실리콘 밸리에서 테크놀로지의 세계를 학습(學習)했고, 30대 중후반 가톨릭 성당에서 신학의 미래를 각습(覺習)했다. 인간의 학습은 기계의 학습을 도저히 따라갈 수 없음을 누구보다도 잘 안다. 인간에게 남아 있는 소임은 학습이 아니라 각습이라는 것도 체험을 통하여 익히고 있다. 민주주의의 거듭된 오작동을 테크놀로지로 대체하고, 자유주의의 치명적인 오류를 신학으로 치유하고자 하는, 정녕 신문명을 탐색하는 신세대 정치인인 것이다.

기술에 열광하는 사람들은 DOGE에 몰려 있고, 영혼에 목마른 자들은 MAGA에 결집되어 있다. 마가와 도지 사이에도 간극이

J.D. 밴스

없지 않다. 트럼프 1.0과 트럼프 2.0 세력 간에 내연하고 있는 잠재적 갈등을 통합할 수 있는 유일한 키맨도 밴스일 것이다. 당장은 태평양을 사이에 둔 미국과 중국 간의 기술 패권 전쟁에 이목이 집중되어 있지만, 그 이상으로 주시해야 할 대목이 바로 대서양을 마주 보고 미국과 (서)유럽에서 일어나고 있는 탈자유주의 물결이다. 비단 미국사 250년만이 아니라, 서방 문명 500년의 분기점이라고 할 수 있다. 계몽령 이래 반천년의 실험을 되물리고 되돌리는 대서양의 대반전을 조직적으로 준비해온 세력이 있던 것이다.

마침 전 세계적으로 존경을 받았던 프란치스코 교황이 선종하시면서 그의 장례식에 세계 시민의 관심이 모아졌다. 공교롭게도 그분이 하느님 나라로 돌아가시기 직전에 마지막으로 만난 인물이 밴스였다. 그것도 하필이면 이스터(Easter), '부활절'이기도 했다. 이 점이 바로 중요하다. 우리는 이미 부활절에 맞춤하여 바티칸을 방문하는 미국의 유력 정치인을 맞이하게 된 것이다. 부활절에 교황과 마지막 작별 인사를 나눔으로써 밴스의 미래에 근사한 서사가 하나 더 추가되었다. 마치 테크노-차이나로 질주하는 신중국이 대당제국으로부터 거듭 영감을 구하는 것처럼, 바티칸과 로마제국의 유산은 여전히 뉴-아메리카의 진로에도 지대한 영향을 미치고 있는 것이다. 좌/우와 진보/보수가 아니라 이 땅을 지상의 천국으로, 하느님의 나라처럼 만들고 싶어 했던 상승의 정치, 근원적이고 근본적인 정치(Original Politics)의 기운이 미국에 지펴지고 있는 것이다. '미국을 다시 성스럽게'(Make America Holy Again), 기술의 지정학에 못지않은 영혼의 지정학을 살펴볼 차례다.

J.D. 밴스

디지털 로마제국: 메가-웨스트와 메타-웨스트

탈세속주의

2024년 7월 J.D. 밴스가 부통령 후보로 지명되자 정치 전문 매체 〈폴리티코〉는 밴스에게 영향을 준 일곱 명의 사상가에 대한 특집 기사를 발표한다. 그간에는 제대로 조명받지 못했지만, 39세 부통령 후보의 등장과 함께 이들의 세계관이 장차 미국의 향방에 중차대한 영향을 미칠 수 있음을 직감한 것이다. 신세기의 신주류, 마침내 부상한 뉴-아메리카의 뉴페이스들에는 이미 이 책에서 언급한 이들도 여럿 등장한다.

첫째는 뭐니뭐니 해도 피터 틸이다. 지난 15년간 밴스의 인생에 지대한 영향을 미친 대부(代父)다. 낳아준 아버지보다 키워준 아버지가 훨씬 더 중요했다. 실리콘밸리에서 양성하여 워싱턴으로 투입된 틸의 사도가 앞으로 15년 뉴-아메리카를 주도해갈 것임이 틀림이 없다. '파운더스 펀드'라는 사명 그대로 틸의 마지막 벤처 투자가 정부를 접수하여 미국을 개조하고 이 세계를 재창조하는 신천지 프로젝트가 아닐까 싶을 정도다. 틸의 정치적 견해는 복합적이지만 요약해보자면 셋으로 압축할 수 있다. 문화적으로는 자유주의를 탈피한다. 정치적으로는 관료주의를 타파한다. 문명적으로는 테크놀로지의 발전을 초가속화함으로써 미국을 디지털 국가로 재건한다. 완전히 자동화된 거버넌스로 작동하는 AI 국가를 통하여 21세기의 천하를 평정하고, 인류가 우주로 진출하는 새로운 천년을 준비하자는 것이다. 예수님이 이 땅에 나신 이래 첫 번째 천년은 말씀으로 유럽을 축복했다. 두 번째 천년은 인쇄술을 통하여 지상의 온 대륙을 구원(하고자)했다. 세 번째 밀레니엄은 디지털 복음서와 함께 태양계와 은하계 온 누리를 새 누리로, 은총을 베풀려는 것이다.

틸의 충신이라고 할 수 있는 커티스 야빈 또한 밴스에게 영향을 미친 사람으로 꼽힌다. 틸의 주선으로 야빈과 밴스는 친구 사이가 되었다. 야빈은 진보라는 발상 자체를 가장 급진적으로 거부하는 신반동주의 운동의 리더다. 정부-대학-언론에 뙤리를 틀고 있는 세속적 엘리트가 주도하는 과두정치를 타도하기 위해서 스타트업 CEO를 본뜬 군주적 리더십이 필요함을 역설한다. 마치 컴퓨터 프로그래머가 악성 코드를 디버깅(프로그램의 오류를 찾아내어 수정하는 과정)하듯이 미국의 입법-사법-행정 체제를 디버깅하자는 것이다. 입법부는 갈수록 아수라판이 되어가고, 사법부는 편향과 편중으로 점철되어 있으며, 행정부는 비효율성과 비생산성의 극치를 달리고 있기 때문이다. 틸과 야빈이 구축한 '스타트업 미래국가'라는 비전은 DOGE를 통하여 관료국가를 해체하는 초유의 실험을 하고 있다.

가톨릭으로의 회심을 이끈 르네 지라르도 빠뜨릴 수 없겠다. 밴스는 지라르의 '희생양' 개념을 응용하여 키보드 워리어들이 맹활약하는 온라인 공론장의 조롱과 조소의 문화를 성찰한다. 마태복음 가라사대, 남 눈의 티끌만 나무라고 제 눈의 들보는 보지 못하느냐 하셨건만, 진보와 보수를 가리지 않고 내로남불이 만연한 것이다. 상대방을 낙인찍고 나락으로 보내버리는 디지털 마녀사냥 또한 심히 우려한다.

또 다른 가톨릭 계열 지식인으로는 노트르담 대학의 정치학 교수인 패트릭 드닌(Patrick J. Deneen)이 중요하다. 국내에도 번역되어 있는 《왜 자유주의는 실패했는가》(Why Liberalism Failed)를 2018년에 출간하며 큰 반향을 일으켰다. 자유주의는 정치의 토대를 '높은 것'에 대한 염원에서 '낮은 것'에 대한 갈망으로 끌어내리고 말았다.

덕성을 함양하려던 고대와 중세의 리더십 트레이닝이 거부된 것이다. 유덕한 이보다는 유능한 이를 찾고, 유능한 자보다는 유명한 자가 득세한다. 그래서 불과 500년 만에 5000년 인류의 유산을 소진하고 말았다. 목적을 상실한 무의미한 삶을 양산함으로써 가족, 이웃, 공동체, 종교, 국가에 이르기까지 모든 사회적 유대가 허물어지고 있다. 자연의 고갈만큼이나 인간의 도덕적 자제력도 떨어지고 만 것이다. 본디 자유란 마음 가는 대로 하는 것이 아니었다. 내 마음 가는 대로 해도 하늘의 이치에 어긋나지 않는 경지[종심소욕 불유구(從心所欲 不踰矩)]에 이르는 것이 자유로워지는 길이다. 욕구와 갈망을 다스림으로써 욕망의 노예 상태에서 벗어나는 것이 자유롭다는 말이었다. 그래서 진리가 너희를 자유케 하리라, 말씀하셨던 것이다. 하지만 자유주의는 자유를 오독하고 모독함으로써 자연을 거스르고 만 것이다.

여기서 더 나아가 드닌은 2023년 《체제 전환》(Regime Change)까지 출간한다. 그간에는 미국이 외국의 독재정권에 개입하여 '민주정부'를 이식하는 것을 레짐 체인지라고 했다. 거꾸로 이제는 미국의 체제부터 바꾸어야 한다는 것이다. 종교적 가치 증진에 기반하여 미국을 탈세속주의 질서로 대체하는 영적 혁명의 로드맵을 그려낸 것이다. 밴스는 가톨릭 대학교에서 열린 《체제 전환》 출판기념회에 직접 참석하여 패널 토론에 나서기도 했다. 자신을 '탈자유주의 우파'

라며, 바이든-해리스 정부가 상징하는 글로벌-리버럴-진보파와의 차별성을 분명히 한 것이다. 바로 그 이듬해에 밴스가 부통령 후보로 지목되자 드닌은 "그는 깊은 신앙을 가진 사람으로서 가족에게 헌신하고 친구와 이웃에게 다정하며 나라를 사랑하는 진정한 애국자"라며 밴스의 정치적 장래에 대한 크나큰 기대를 숨기지 않았다. 밴스야말로 성부와 성자와 성령의 이름으로 군사부일체(君師父一體)를 구현하는, 구원과 구국과 구세의 도구가 될지 몰랐다.

국내에서는 거의 알려지지 않은 저널리스트 소라브 아마리(Sohrab Ahmari) 또한 밴스에게 큰 영향을 끼친 사람이다. 이란에서 태어나 미국으로 이주한 뒤 급진 좌파인 트로츠키주의자가 되었다가 끝내 가톨릭으로 개종한 지식인이다. 자본주의의 첨병이라고 할 수 있는 〈월스트리트 저널〉에서 논설위원까지 했지만, 노동계급 친화적인 노선으로 수정하였다. 그래서 농담조로 자신을 '생명을 존중하는 뉴딜주의자'라고 표현하기도 한다. 가톨릭의 생명사상에 노동계급 중심성을 결합했다는 의미다. 경제적 진보와 문화적 보수를 융합하여 워싱턴의 양대 기득권에 도전하는 신생 미디어 〈콤팩트 매거진〉(Compactmag.com)을 창립하여 운영하고 있다. 특히 경제적으로는 보수적이면서도 문화적으로는 진보를 과시하며 1989년 이래 헤게모니를 장악했던 미국판 '강남 좌파'를 겨냥한다.

정통 기독교 작가이자 보수파 논객인 로드 드레허(Rod Dreher)

도 있다. 그는 자유분방한 히피와 같은 반문화가 아니라, 기독교에 기반한 경건하고 거룩한 카운터컬처를 도모한다. 흥청망청 과시적인 소비문화가 아니라, 기도하고 묵상하며 피정을 통해 영혼을 정화하는 수도원의 규칙을 복원하자고 제안한다. 이러한 내용을 담은 2017년의 저서 《베네딕트 옵션》(The Benedict Option)으로 전국적인 주목을 받았다. 드레허는 2016년 밴스의 《힐빌리의 노래》를 자신이 읽은 최고의 책이라고 칭찬했으며, 이에 화답이라도 하듯 밴스는 다음해 출간된 드레허의 저작에 호의적인 추천사를 써주었다. 그 후 드레허는 헝가리에 주로 머물면서 빅토르 오르반 정부에 조언하는 고문으로도 활동하고 있다. 2019년 오하이오에서 열린 밴스의 가톨릭 세례식에 함께 참석한 지인 또한 드레허였다.

피터 틸부터 로드 드레허까지가 개인들이라면, 유일하게 조직으로 언급된 곳은 클레어몬트 연구소(CI, Claremont Institute)다. 캘리포니아에 위치한 CI는 2016년부터 트럼프를 지지하는 중추 기관으로 자리매김했다. 2020년 선거 결과를 뒤집으려 한 트럼프의 변호사 존 이스트먼 같은 학자들의 본거지이기도 하다. CI의 사상적 뿌리는 레오 스트라우스다. 미국 동부의 스트라우스학파가 네오콘을 형성했다면, 이들은 서부의 스트라우스학파로서 네오콘 이후의 새로운 보수파(신전통주의)를 지향한다. 네오콘이 테러와의 전쟁, 이라크 전쟁, 아프가니스탄 전쟁, 러시아-우크라이나 전쟁 등을 연거푸 일으켰던 반면에, 이 서부의 신전통파는 아메리카 퍼스트, 불간섭주의와 미국 고립주의를 주장하고 있다.

밴스는 실리콘밸리에서 일하던 시절부터 CI의 연구진과 긴밀한 관계를 맺어왔다. CI가 주최하는 행사에서 여러 차례 연설을 하기도 했다. CI 홈페이지에 들어가면 지금은 아예 밴스의 사진이 메인으로 걸려 있을 정도다. 특히 2024년 7월 19일에 올린 메시지가 상징적이다. "클레어몬트, 워싱턴에 가다"(Claremont Goes to Washington)라는 제목으로 밴스의 백악관 입성을 예언하고 축복하고 있는 것이다.

지난 몇 주가 롤러코스터였다고 말하는 것은 절제된 표현입니다. 우선 트럼프 대통령 암살 시도는 우리를 공포와 분노에 떨게 했지만, 동시에 결연한 의지를 갖게 했습니다. 그런데 J.D. 밴스 상원의원이 그의 러닝메이트로 선정되었다는 소식이 전해지자 우리는 환호했습니다. 클레어몬트 연구소에게는 참으로 기쁜 순간입니다. 밴스 상원의원은 이렇게 말한 적이 있습니다. "CI의 '미국적 삶의 방식' 센터는 미국의 시스템을 복원하기 위해 놀라운 노력을 기울이고 있습니다. 그들의 분석과 통찰력은 상원의원으로서 제가 하는 일에 매우 소중한 자원이 됩니다."

실제로 밴스의 부통령실에는 CI 출신의 참모가 적지 않다. 밴스를 막후 지원하는 싱크탱크라고 해도 지나치지 않다. 나도 지난 대선이 단순히 트럼프 2.0이 아니라 미국 2.0, 뉴-아메리카의 시작일 수도 있겠다는 판단이 든 시점부터 CI의 뉴스레터를 구독하고 있다. 공화당 편의 해리티지 재단이나 민주당 쪽의 브루킹스 연구소 등 기왕의 싱크탱크만 파악해서는 미국의 미래를 온전히 추적할 수 없는 시절이 된 것이다. CI에서 북리뷰를 하는 온라인 저널을 읽고 〈아메리칸 마인드〉(American Mind)라는 팟캐스트도 종종 듣는다. 최대한 밴스의 머릿속으로 들어가 그의 생각과 가까이 동기화해보려고 하는 것이다.

이 일곱 명의 개인·조직에다가 〈폴리티코〉에서 언급하지 않은 단체 하나를 더 추가하고 싶다. FT다. 영국의 저명한 경제지 〈파이낸셜 타임스〉가 아니라 미국의 영성 조직 '퍼스트 싱스'(First Things)다. '첫 번째 것'이라기보다는 '가장 중요한 것'이라고 의역해야 더 어울릴 법하다. CI가 서부의 스트라우스학파를 상징한다면, FT는 동부와 서부의 연합을 표방하는 가톨릭 논단이다. 가장 유명한 문서가 2019년 3월에 발표한 "죽은 컨센서스에 대항하여"(Against the Dead Consensus)다. 워싱턴 컨센서스로 대변되는 기존의 보수주의, 즉 공화당이 금과옥조처럼 여겼던 자유무역과 작은 정부 등을 비판한다. 가족의 안정과 공동체의 연대라는, 사람살이에서 '가장 소중한' 가치를 방기했다는 것이다. 이 성명에는 15명의 지식인이 서명했는데, 앞서 거론한 패트릭 드닌, 소라브 아라미, 로드 드레허도 포함되어 있다. 이들은 자신들이 '신전통주의자'라고 불리기를 선호한다.

FT에 의하면, 20세기의 보수주의는 우익의 전체주의를 물리치고 좌익의 공산주의를 뿌리치며 인간의 존엄을 지켜낸 크나큰 공로가 있었다. 그러나 자유주의와 흡사하게도 개인의 자율성을 지나치게 강조한 나머지 전통적 가치를 충분히 배려하지 못한 치명적인 한계도 있었다. 그래서 이들은 다음 여섯 가지 방침을 신전통주의의 핵심 강령으로 삼는다.

첫째, 우리는 개인의 물질적 풍요만을 추구하는 영혼 없는 사회에 반대한다.
둘째, 우리는 미국 인민의 편에 선다.
셋째, 우리는 인간의 존엄에 대하여 타협하는 어떠한 시도도 거부한다.
넷째, 우리는 자유주의의 전제와 독재에 대해서도 저항한다.
다섯째, 우리는 노동자를 위해 일하는 나라를 원한다.
여섯째, 우리는 조국이 소중하다고 생각한다.

1번과 3번은 가족, 신앙, 공동체의 가치를 옹호하는 것이다. 종교적 보수로서 익숙한 내용이다. 2번과 5번이 색다르다. 미국의 기층 대중, 인민과 노동자들을 대변하는 세력으로 새로운 보수주의를 자리매김하고 있기 때문이다. 특히 민주당과 진보파를 외부 세력=이민자에 친화적인 정파로 위치시키고, 자신들은 본토의 토박이 미국인을 대변하는 것으로 주장한다. 그리고 6번은 자유주의라는 보편주의의 폭정이 전 세계를 획일화하고 있을 뿐만 아니라 미국조차 무국적 듬보잡의 나라로 만들고 있음을 역설하는 내용이다. 국경 없는 세계라는 유토피아적 세계화에 반대하면서 미국다운 미국, 정통이자 적통인 미국, 새로운 국가주의를 표방하는 것이다.

탈자유주의

패트릭 드닌의 《왜 자유주의는 실패했는가》가 출판된 2018년, 뉴-아메리카의 풍향을 가늠해볼 수 있는 또 다른 책이 두 권 더 출간된다. 우선 10월에 나온 터커 칼슨(Tucker Carlson)의 《바보들의 배》 (Ship of Fools)다. '이기적 지배계급은 어떻게 미국을 혁명의 수렁으로 몰아넣었는가'라는 부제를 달고 있다. 칼슨은 폭스TV의 진행자였던 만큼 인지도가 높은 인물이다. 신전통주의에 기반한 새로운 보수 세력을 상징하는 저널리스트라고 하겠다. 1969년생인 그의 경험에 비추어 보아도 사춘기를 보냈던 1980년대의 미국은 꽤나 평등한 나라였다. 누구나 열심히 일하면 중산층이 될 수 있는 기회의 나라이기도 했다. 그러나 1990년대 탈냉전과 세계화의 바람이 몰아치기가 무섭게 빈부격차는 급격히 확대되었다. 그가 의아해 마지않는 것은, 중산층의 쇠퇴를 말하며 선거에 나와야 마땅할 민주당의 성격마저 돌변했다는 점이다. 상위 10%의 기득권에 포획된 민주당은 다문화주의와 PC주의 등 정체성 정치의 자유주의적 수사를 구사하면서 진보정당의 면모를 상실해버리고 말았다. 그렇다고 칼슨이 공화당을 지지하는 것도 아니었다. 공화당이야말로 이라크 전쟁부터 아프가니스탄 전쟁에 이르기까지 어리석은 대외 개입을 주도했던 네오콘의 아성이었기 때문이다.

 오히려 칼슨은 시장경제를 과도하게 중시하는 기존의 보수파에 의문을 제기하면서 신선한 반향을 일으켰다. 특히 2019년 1월 2일 방송한 〈모놀로그〉가 상징적이다. 폭스에서 자신이 홀로 진행하는 1인 방송에서 평소보다도 훨씬 긴 시간을 할애하여 '시장원리주의'를 비판한 것이다. 심각한 빈부격차로 사회의 근간인 가족이 붕괴해가고 있음을 목놓아 역설했다. 마약 남용 등 절망적인 사회 분위기가 심화하고 있음에도 기층 민중의 곤경은 아랑곳도 없이, 여성과 성 소수자의 권리를 확대해야 한다거나 환경을 보호해야 한다거나 한가한 소리만 늘어놓는 먹물들을 비판한다. 제발 교조적인 '작은 정부' 타령일랑 그만두고, 가족의 생활이 가능하도록 지원하고 후원할 수 있는 가부장적 정부를 되돌려놓으라고 읍소하는 것이다. 이혼이 증가하고, 1인 가구가 늘어나고, 고독사가 확대되는 것이야말로 '1989년 체제'의 실패를 웅변한다. 이는 자유의 증대가 아니라 자연의 위배를 의미하기 때문이다. 자유주의는 종의 자발적 소멸이라는 인류학적 위기를 초래하고 만 것이다.

2018년 9월에는 《국가주의의 미덕》(The Virtue of Nationalism)도 출간된다. 이스라엘계 미국인 정치학자이자 종교학자인 요람 하조니(Yoram Hazony)의 저작이다. 아홉 명의 자녀와 함께 예루살렘에 거주하는 하조니는 유대-기독교의 전통을 계승하여 샬렘(Shalem)이라는 이름을 단 연구소와 출판사, 대학을 잇따라 설립한다. 그 또한 미국의 공화당과 민주당의 주류 세력, 네오콘과 네오리버럴이 주도했던 신세계질서를 현대적인 제국주의라고 성토한다. 민족주의를 부정적으로 묘사한 건 고작 30~40년이다. 그 이전에는 독립운동과 민족자결에 기초한 신생국가들의 신민족주의 바람이 전 세계를 휩쓸었다. 그리고 미국은 100년 전 월슨 대통령이 14개조 평화원칙을 선언하면서 그 민족주의 물결의 물꼬를 텄던 나라다. 그러나 1990년 아버지 부시 정부가 신세계질서 수립을 선포한 이래, 세계주의의 물결이 지구촌을 휩쓸게 된다. 세계은행(WB)과 국제통화기금(IMF)과 유럽연합(EU) 등 아무런 대표성이 없는 국제기구들이 세계질서를 주도해가면서 국가의 주권을 약화시켜갔던 것이다. 그 '세계화의 덫'에 빠진 나라는 비단 제3세계만이 아니었으니,

2008년 미국 또한 세계 금융위기의 수렁에 빠지게 된다. 그리고 2016년 트럼프의 당선과 영국의 브렉시트로 인하여, 전 세계 인민이 탈세계화를 소망하고 있음을 증명했던 것이다.

세계화주의자(Globalist)들은 시장이 중요하다며 공장을 중국과 아시아로 이전했지만, 탈세계화주의자(Nationalist)들은 추상적인 시장보다는 구체적인 공장이, 일자리가 중요하다며 목소리를 내기 시작했다. 그래야 노동계급을 보호할 수 있고, 그래야 가족을 건사하고 공동체를 유지할 수 있다. 시장은 공장이 미국에 있든, 중국에 있든, 베트남에 있든 상관하지 않는다. 그것은 시장의 관심이 아니다. 시장은 가장 싼 생산 방법을 찾을 뿐이다. 그러나 정부는 달라야 한다. 정부는 공장이 자국에 있어야 함을 신경 써야만 한다. 진정한 보수주의자라면, 국민의 살림살이를 확실하게 보호해야 한다는 것이다. 가족과 공장과 교회야말로 생활의 근간이다.

2018년에 자신의 비전을 발신한 하조니는 2019년 1월, 에드먼드 버크 재단을 설립하여 의장을 맡는다. 에드먼드 버크는 18세기 말 가장 일찍이 전통주의와 공동체주의에 기반해서 프랑스혁명의 폭주를 비판적으로 성찰했던 사상가다. 그 상징적 인물을 전면에 내세우면서 같은 해 7월에는 워싱턴 D.C.에서 성대한 콘퍼런스를 개최한다. 이례적으로 500명이 넘는 신전통파 지식인을 한자리에 불러 모은 것이다. 일명 '국가보수주의 회의'(National Conservatism Conference)였다. 글로벌리즘에 맞서 내셔널리즘을 내세우고, 진보주의와 자유주의와 세속주의에 맞서서 오래된 영성의 가치를 앞세운 것이다. 여기에는 피터 틸부터 터커 칼슨, 패트릭 드닌 등 21세기 뉴 공화당의 신전통주의로 합류하고 있는 스타급 인플루언서들도 총집결했다. 그리고 아마도 가장 어린 주인공으로 참여한 인물이 바로 J.D. 밴스였을 것이다. 아직 정치에 입문하기 전이었던 밴스는 이 첫 번째 회합에서 "자유지상주의를 넘어서"라는 제목의 연설을 한다. 얼핏 사회주의자인 민주당 좌파 버니 샌더스의 연설인가 싶을 정도로, 강도 높게 미국식 시장경제를 비판했다. 밴스는 2021년과 2022년, 그리고 2024년에도 연단에 오르면서 국가보수주의 콘퍼런스의 간판이 되어갔다. 네오콘을 대체하는 냇콘(NatCon, National Conservatism)의 대표선수로 급부상한 것이다. 뉴 공화당의 신기수이자 뉴-아메리카의 뉴웨이브를 선도하는 새로운 아이콘으로 승승장구했다.

 네오콘은 미국에만 그쳤지만, 냇콘 콘퍼런스는 미국에서만 열리는 것이 아니다. 2020년에는 로마에서, 2022년에는 브뤼셀에서, 2023년에는 런던에서 개최되는 등 대서양을 지중해로 삼아 유럽과 미국에서 동시다발적 운동을 전개하고 있다. 미국만 탈자유주의 국가로 전환시키는 것이 아니라, 유럽을 포함한 서방 문명 전체를 탈자유주의 세계질서로 반전시키려는 것이다. 이들과 뜻을 함께하고 있는 유럽의 주요 정치인으로는 이탈리아의 멜로니 총리, 헝가리의 오르반 총리, 폴란드의 모라비에츠키 전 총리를 열거한다. 이들은 공히 UN와 EU, 세계무역기구(WTO)와 국제사법기구 등 자국에서 중요한 권한을 빼앗아가거나 국민에 의해 선출되지 않은 국제기구의 관료들을 신뢰하지 않는다. 하나같이 '유럽을 다시 성스럽게'(Make Europe Holy Again), 종교에 기초한 규칙과 질서, 전통적 가치를 옹호한다. 18세기 후반에는 프랑스혁명과 미국 독립혁명이 긴밀히 연동되어 대서양을 계몽의 바다로 만들어가면서 유럽은 미국에 '자유의 여신상'을 선물했다. 21세기 전반 북미와 서구의 탈자유주의 동시 혁명에는 미국이 유럽에 '성모 마리아상'을 선사하는 것이 아닐까 상상력을 지피는 것이다.

가장 놀라운 대목은 이들이 푸틴에 대해 상대적으로 호의적이라는 점이다. 터커 칼슨은 직접 푸틴을 찾아가 일대일 단독 인터뷰를 성사시키는 쾌거를 선보였다. 나아가 푸틴의 이데올로그라고 평가받았던 알렉산드르 두긴과의 인터뷰도 성공리에 진행했다. 푸틴이야말로 21세기 내내 국외의 글로벌리스트와 국내의 리버럴리스트와 맞서 싸워서 러시아의 주권을 수호해낸 주군이었던 것이다. 미국과 유럽에서 2019년에야 시작되었던 냇콘 운동을 1999년부터 펼쳐온 태두였다. 경제적으로나 문화적으로, 또 외교적으로도 국가 보수주의의 원조라고 해도 과언이 아니다. 이제는 헝가리나 폴란드 등 구소련권에 속해 있었던 동유럽만이 아니라 영국과 프랑스, 독일에서도 푸틴과 흡사한 탈자유주의 노선을 표방하는 정치인이 속속 등장하고 있다. 지지세 또한 가파르게 오르는 중이다. CNN부터 BBC까지, 〈뉴욕 타임스〉부터 〈이코노미스트〉까지 지난 세기를 지배해왔던 영미권의 레거시 미디어만 살펴서는 이러한 동향을 제대로 짚어낼 수가 없다. 그들의 선전선동과는 다르게 탈자유주의 세계질서로의 대반전은 멈춤 없이 중단 없이 유장하게 펼쳐지고 있던 것이다.

뉴밀레니엄, 뉴노멀의 뉴웨이브를 파악하고자 한다면 역시나 뉴미디어와 소셜미디어가 유용하다. 이 책에서 거론되고 있는 인물들의 X를 팔로잉하는 것이 가장 효과적인 방법이다. 이제는 헝가리 정치인이나 폴란드 지식인의 계정도 AI의 실시간 번역 시스템을 통해 막힘없이 소통할 수 있는 시대다. 조금 더 깊은 지식을 추구한다면 드닌이 주도적으로 개설한 'postliberalorder.com' 사이트를 방문하여 칼럼을 읽거나 팟캐스트 방송을 들어보기를 추천한다. 20세기와는 사뭇 다른 백년을, 리버럴 이후의 질서(PLO, Post Liberal Order)가 전개하는 새로운 문명해방운동의 기운을 찬찬히 음미해 볼 수 있을 것이다. 아직 라디오 방송도 시작되지 않았던 1917년 러시아혁명의 성공 이래 공산주의 진영이 형성되기까지는 30년 남짓 소요되었다. 작금의 디지털 환경이라면 3년 안에 여러 정권을 차례차례 접수해가는 도미노 이론의 세계 동시 혁명도 충분히 가능할지 모른다. 트럼프 2기 4년이 그 결정적인 시기가 될지 지켜볼 일이다.

탈계몽주의

칼슨보다 먼저 두긴을 만난 이도 있다. 스티븐 배넌이다. 2016년 트럼프의 대선 캠페인을 총괄한 장본인이자 초기 행정부의 수석전략가였던 바로 그 배넌이다. 배넌은 진작부터 두긴의 책을 애독해왔다. 미국의 복음주의 세력을 트럼프의 친위 세력으로 만드는 데도 두긴의 발상이 요긴하게 참조가 되었다. 미국에서 탈자유주의를 선포하는 책들이 우후죽순 쏟아진 2018년, 배넌은 더 대담한 행보를 보인다. 은밀하게 두긴과 접촉하여 직접 얼굴을 맞댄 것이다. 장소는 과연 뉴욕도 모스크바도 아닌, 2000년 기독교의 역사가 새겨져 있는 로마였다. 로마광장이 내려다보이는 고급 호텔의 스위트룸에서 푸틴의 브레인과 트럼프의 책사기 그윽한 깃이다. 미국과 러시아의 만남에 그치는 것이 아니었다. 지난 100년 동서냉전의 이념 대결을 넘어서는 회합이었다. 동로마와 서로마, 교회의 대분열 이래 1000년 만의 재회를 상징하는 자리였다. 그들은 500년 계몽과 이성의 후예가 아니라, 2000년 종교와 영성의 계승자들이었다. 세 번째 천년, 새로운 밀레니엄을 경건하고 겸허하게 준비하고 있는 신전통주의자들이다. 미국과 러시아가 협력하여, 서로마와 동로마가 합작하여, 계몽령의 덫에서 헤어나오지 못하는 유럽을 구제하고 구원하고자 한다. 하루 종일 밀도 높은 대화를 나눈 그들은 서로를 '형제'라고 불렀다.

배넌은 1953년생이다. 그도 1967년생 틸만큼이나 68세대 또래들을 싫어한다. 대안적 영성을 추구한답시고 설치던 그들의 68혁명이 종교를 오해하고 오독했다고 여긴다. 배넌 또한 해군에서 근무한 상남자였다. 청년 시절 그는 미 해군을 따라 세계 전역을 돌아다니며 각지의 고대 경전을 수집하고 섭렵했다.《바가바드 기타》등 힌두교 텍스트들도 탐독했다. 전통 경전의 대개는 보수적 사상에 뿌리를 두고 있었다. 전사들의 텍스트였기 때문이다. 엄격한 군율을 찬양하는 상무정신으로 차고 넘쳤다. 히피 친구들이 말하는 불교와 힌두교는 철저하게 미국화된 것이다. 자유주의적 가치로 억지로 우겨 넣은 말랑말랑하고 맥도날드화된 동양의 정신이었다. 심하게 말하면 타락시킨 것이라고도 할 수 있다. 쿨하고 힙한 라이프 스타일 비즈니스로 탈바꿈한 것이야말로 영성의 세계를 왜곡하는 것이었다. 68세대의 뉴에이지를 끔찍하다고 여겼다.

다만 오래된 종교적 가르침에 귀의해야 한다는 점은 십분 수긍했다. 자유주의든 사회주의든 난잡하고 난삽한 현대적 텍스트는 아무리 읽어본들 더 나은 사람이 되지는 않았다. 자본주의도 공산주의도 영혼의 타는 목마름을 해갈해주지는 못했다. 결국 모든 문명과 정치와 제도는 영성에 복종해야 한다고 생각했다. 그가 삼십 대를 지나면서 공산주의는 무너졌다. 그가 오십 줄이 되었을 때는 세계 금융위기가 한창이었다. 이제 공산주의에 이어 자유주의도 붕괴하기 시작한 것이라고 보았다. 소련이 무너지고 동방정교에 기초한 러시아가 부활한 것처럼, 미국 또한 기독교 가치에 귀의하는 미래가 보이는 것만 같았다. 배넌 또한 가톨릭 신자다. 새로운 영적 혁명의 여명이 밝아오고 있는 듯하였다. 좌파에 맞서려는 것이 아니다. 좌우파 모두 세속화 세력이기 때문이다. 500년을 지속해온 좌우 합작의 세속적 기득권에 맞서는 영혼의 혁명이 필요했던 것이다. 즉 보수 버전의 68혁명이, 미국판 문화대혁명이 요청되었다. 트럼프는 어디까지나 탈계몽주의의 수단이었을 뿐이다.

이러한 신조를 밝히는 배넌이 두긴은 무척이나 비범하다고 여겼다. 두긴이 생각하기에 미국은 황무지, 황폐한 땅이었다. 500년 계몽주의의 유산이 빚어낸 근대성의 암흑이라고 여겼다. 그곳에서는 영성과 신성, 역사와 국토, 거대한 뿌리에 대한 일체감이라고는 일절 없을 것이라고 보았다. 미국인이 된다는 것은 전통이 없다는 뜻이다. 혹은 전통을 버린다는 의미다. 그 뜨내기들이 잡거하는 잡탕 동네가 미국이라고 생각했다. 그런데 그 근본 없는 나라에서 배넌 같은 존재가 떡하니 등장하여 자신을 찾아오기까지 한 것이다. 경탄스러웠고 경이롭기까지 했다. 물질주의의 폐허에서, 칠흑 같은 어둠 속에서 한줄기 서광이 비치는 것 같았다. 두긴은 배넌의 권력 획득을 자유주의 세속 문명을 전복해낼 대반란의 서막으로 여겼다. 고대의 현자들이 예견했으며 20세기 지하의 영성주의자들이 예언했던 바로 그 대반전이 시작된 것이다. 고로 배넌은 일개 개인이 아니었다. 바로 최후의 심판, 종말론의 징조인 것이다. 자유주의, 공산주의, 민주주의 등 인간의 영적 하향 평준화를 초래했던 말세를 떨쳐내고, 마침내 새로운 전통주의자들의 신령스러운 시대가 대서양 양안에서 개막되는 것만 같았다. 푸틴으로 인하여 러시아가 다시 위대해진 것처럼, 미국도 다시 위대해질지 몰랐다. 다만 그 주인공이 과연 트럼프일지는 심히 의구심을 가졌을 법하다.

그러나 세계질서를 영성적으로 재정렬하고자 하는 배넌과 두긴의 지정학적 전망은 한 가지 점에서 크게 엇갈렸다. 유럽의 진로만큼은 동일했다. 유럽의 행방을 두고는 미국과 러시아가 동맹이 될 수 있었다. 동일한 영혼과 가치관을 공유하기 때문이다. 서방의 핵심은 공산주의나 자유주의가 아니다. 유대교와 기독교다. 그래서 동방교회와 서방교회, 신교와 구교도 함께할 수 있다. 전 세계를 획일화하려는 글로벌리즘과 전 세계인을 동질화하려는 리버럴리즘에 맞서서 국가주의와 민중주의, 전통주의를 향해 미국-러시아-

유럽이 함께 나아갈 수 있다. 21세기 지정학적 갈등의 핵심은 영성과 이성의 투쟁, 영혼을 둘러싼 경쟁이기 때문이다. 서방은 정신을 개벽함으로써 하느님 아래 다시 하나로 합류할 수 있다.

그러나 중국이 복병이다. 두 사람은 중국을 대하는 관점에서 이견을 노출했다. 배넌은 중국이야말로 세계주의와 물질주의의 정수라고 했다. 중국의 일대일로와 '중국 제조 2025' 등은 모두 물질 개벽을 추구하는 정책이다. 마치 대영제국의 동인도회사처럼 아시아로, 유럽으로, 아프리카로, 아메리카로 물질의 네트워크를 온라인과 오프라인을 막론하고 세계적으로 연결하려 한다. 이제는 중국이 주도하고 있는 새로운 글로벌리즘에 맞서, 유럽도 아시아도 아메리카도 저항해야 한다는 것이다. 중국의 세계화와 팽창주의에 맞서 떨쳐 일어나야 한다. 민족주의로 저항하며 문화를 보호하고, 국가주의로 주권을 수호해야만 한다. 미국과 러시아가 협동하고 유럽까지 연대하여 이루어야 할 21세기의 가장 중요한 과제가 바로 중국 봉쇄와 억제인 것이다. 인도는 힌두 문명으로, 터키도 이슬람 문명으로 귀의하고 있지만, 오로지 중국만이 공산당이 지배하는 최후의 세속화 세력으로 건재하기 때문이다

배넌은 반중(反中)이야말로 미-러 합작의 근간이라고 보았으나, 두긴은 성급한 주장이라고 여겼다. 트럼프 정권의 지속을 장담할 수도 없을뿐더러, 과연 트럼프 이후에도 미국이 탈세속화와 재

영성화의 물결에 동참할 수 있을지에 대해서도 회의적이었다. 오히려 탈자유주의적 세계질서를 건설하는 데 중국은 가장 중요한 역할을 하고 있었다. 중-러 합작이야말로 구아메리카로부터 벗어난 신유라시아 시대의 중추였던 것이다. 중국을 어떻게 보아야 할 것인가, 신중국을 어떻게 대해야 할 것인가에 대해서 두긴과 배넌은 끝내 합의에 이르지 못한다. 물론 이 또한 '미국판 푸틴'이라고도 할 수 있는 밴스가 등장하기 이전의 일이다.

2025년 2월 14일, 밴스는 뮌헨안보회의에서 연설한다. "유럽에 관한 저의 가장 큰 걱정거리는 러시아나 중국 또는 다른 어떤 외부 세력이 아닙니다. 저는 유럽 내부에서 오는 위협을 가장 우려합니다"라고 발언하여 유럽 국가 정상들을 아연실색케 하였다. 리버럴한 개별 정부와 글로벌한 EU 모두를 싸잡아 비판한 것이다. 유럽 인민은 미국 인민처럼 영성적 계급혁명을 원하고 있건만, 정작 유럽의 세속적 자유주의 엘리트가 이를 외면하고 있다며 유럽에서는 '민주주의'가 제대로 작동하고 있지 않다고 면전에서 성토한 것이다.

시간을 거슬러 2007년 2월 10일, 또 하나의 역사적인 연설이 뮌헨안보회의에서 있었다. 주인공은 푸틴이었다. 미국 주도의 단극체제는 해체될 것이며, 나토(NATO) 주도의 안보질서는 유럽을 더욱 위태롭게 할 것이며, 21세기의 세계는 중국, 러시아, 인도 등

브릭스와 글로벌 사우스가 약진하는 다극체제로 전환될 수밖에 없음을 '예언'하는 연설이었다. 푸틴은 그 후 20년간 새로운 세계질서를 주조하는 가장 중요한 행위자로 군림했다. 앞으로 20년은 밴스의 몫이 될지도 모른다. 알면 알수록 밴스가 트럼프보다는 푸틴의 후계자로 보이는 까닭이다.

실제로 트럼프 정권 2기는 유럽의 세속적이고 세계주의적인 자유주의 정권을 전복하고 해체하는 일련의 작업을 전개 중이다. 젤렌스키와의 정상회담에서 대놓고 면박을 주는 부통령 밴스가 외교 무대에서 활약한다면, 소통령 머스크는 X를 통하여 영국과 독일, 슬로바키아 등의 선거에 개입하여 레짐 체인지를 획책한다. 알렉스 카프는 유럽에 새로운 정권이 들어서면 팔란티어의 거버넌스 프로그램을 군부와 행정부에 공급하여 패러다임 체인지를 완성하려고 한다. 북미와 서구의 10억 빅데이터로 14억 중국과의 기술 패권 경쟁에서 승리하는 디지털 십자군을 자처하는 것이다. 마치 20세기 후반 조지 소로스가 유럽 각지에 교육기관을 세우고 소련에 대적하는 신자유주의를 확산시키겠던 것처럼, 트럼프 정권 아래 4인방(틸, 머스크, 카프, 밴스)은 역할을 분담하여 탈자유주의적 유럽으로의 개조에 매진하고 있는 것이다.

그리하여 다시 한번 문명적으로 대통합된 대서방세계를 재건하려고 한다. '메가 웨스트'이자 '메타 웨스트'로서 북미와 서구를 연합한 새로운 로마제국, 디지털 로마제국을 꿈꾸는 것이다. 디지털 로마제국의 핵심 교리는 응당 수학과 신학, 테크놀로지와 시올로지일 것이다. 신학으로써 메가 웨스트를 재건하고, 수학으로써 메타 웨스트를 창건하는 것이다. 기왕의 인문·사회과학은 전면적으로 대체되어야 한다. 인문학은 주로 농업문명의 텍스트를 다룬다. 사회과학은 대개 산업문명의 매뉴얼이다. 이 기술신학자들이 유독 대학과 언론에 적대적인 까닭이다. 하버드 대학부터 〈뉴욕타임스〉까지 언론과 대학이야말로 인쇄술 혁명이 촉발한 올드 웨스트, 자유주의 문명의 보루였기 때문이다. 재차 유럽의 중심은 브뤼셀이 아니라 바티칸으로 되돌아가야 한다. 세속적 세계주의자가 결집하는 다보스 회의가 아니라, 영성적 전통주의자가 회합하는 목회가 더욱 번창해야 한다. 유럽을 다시 위대하게(Make Europe Great Again), 온 누리를 더욱 성스럽게. EU 통합을 노래하는 유로비전의 팝송이 아니라, 성당의 종소리와 그레고리안 찬송가와 CCM 음악이 더더욱 높이 울려 퍼져야 한다.

    물론 아슬아슬한 지점이 없지 않다. 트럼프 1.0과 트럼프 2.0의 차이이기도 하고, DOGE와 MAGA의 차이이기도 하다. 이미 MAGA 1.0, 레드 마가의 대표선수인 스티븐 배넌과 MAGA 2.0, 다크 마가의 상징인 일론 머스크는 이민정책을 두고 공개적으로 충돌한 바 있다. 초가속적 기술혁명을 추구하는 테크 세력과 초월적인 영성혁명을 추진하는 전통 세력 간의 주도권 다툼이 내연하고 있는 것이다. MAGA 2.0 아래 연합하고 있는 테크파와 전통파의 이합집산이 트럼프 2기의 운명을 좌우할 것이다. 이들이 수학으로 지상의 나라를 경영하고, 신학으로 천상의 나라로 상승하는 메가 아메리카와 메타 아메리카를 완성해낸다면 '제2의 건국의 아버지들'로 길이길이 칭송받을 것이다. 그러나 내분과 내란과 내전을 촉발하여 실패를 자초한다면, 대당제국을 붕괴시킨 황소의 난(黃巢之亂)처럼 '페이팔 마피아의 난'으로 기록될지도 모를 일이다.

 게다가 이들에게 주어진 시간도 그다지 길지 않다. 2026년 중간선거가 11월로 예정되어 있다. 민주주의의 유권자들은 인내심이 턱없이 부족하다. 장기적 체제 전환을 기다리지 못하고, 단기적 처방에 중독되어 있다. 미국의 건국 250주년 기념일은 더 이르다. 2026년 7월 4일, 앞으로 1년 남짓 남은 것이다. 올드 아메리카를 사수하려는 세력과 뉴-아메리카를 창건하려는 세력 간 노선 투쟁이 갈수록 치열해질 것이다. 최상의 경우에는 지상 패권은 물론이요, 천상 공간과 가상 공간도 장악함으로써 디지털 창세기를 열어젖히는 개벽국가의 수장이 될 수 있다. 반면 최악의 경우에는 사분오열되어 미합중국 자체가 해체될 수도 있다. 계몽파와 기술파와 전통파의 삼파전이자, 데모크라시와 테크노크라시와 테오크라시(신정정치)의 삼국지이기도 하다.

에필로그

대반전: New Cold War?

6 : 3 : 1이다. 테크노 쿠데타가 좌초함으로써 올드 아메리카가 지속될 가능성이 절반 이상이다. 무릇 개혁은 혁명보다도 힘든 법이다. 자칫 내분이 내란을 촉발하여 미합중국이 내파되어갈 가능성도 3할은 된다. 우여곡절, 천신만고 끝에 디지털 대전환을 완수하고 후기 미국 시대를 개창할 가능성은 10%에 그친다.

트럼프 2기 첫 100일. 이번에도 제대로 이루어진 일이 없다. 하루 만에 끝장내겠다 호언장담했던 러시아-우크라이나 전쟁은 지속되고 있다. 유럽의 전장을 좌우하는 것은 미국이 아니라 러시아의 의지다. 푸틴은 종전 협상에 임하여 이번만은 버르장머리를 제대로 고쳐놓겠노라 단단히 벼르고 있다. 미국은 빠른 해결을 원하지만, 러시아는 근본적인 해결책을 구한다. 미국이 개입하고 서유럽이 동조하여 동유럽의 불안을 획책하는, 탈냉전 이래 나토의 불장난을 다시는 하지 못하도록 확실한 대못을 박으려는 것이다.

아시아에서도 주도권을 잃어가고 있다. 관세전쟁의 목표였던 중국은 좀체 타격감이 없었다. 날 선 트럼프의 파상공세에 의뭉스러운 시진핑은 마이동풍, 묵묵부답이었다. 이미 중국은 대미 수출의 비중을 낮추고 내수 시장을 키우는 장기전 태비를 갖추었다. 窮則變(궁즉변), 變則通(변즉통), 通則久(통즉구). 궁하면 변하고, 변하면 통하고, 통하면 오래간다. 미국의 전면적 압박 덕분에 중국의 기술혁명은 더욱 빨라졌다. 무역 제재와 기술 통제와 관세 부과 등 다방면으로 싸움을 걸어보아도, 개별 전투의 승리보다는 최종전쟁에서 승자가 되는 쪽으로 대전략을 확립한 것이다. 미국은 2년마다 선거를 통해 정책 기조가 바뀐다. 유권자의 눈치를 보지 않을 수 없다. 관세 탓에 물가가 올라가고, 재고마저 바닥나서 마트가 텅텅 비고 나면 투표로써 응징할 것이다.

반면 중국은 건국 100주년이 되는 2049년, 20년 후를 내다보고 있다. 당장에 이기려 들지 않고, 지지 않는 수를 둠으로써 마지막에 승부를 보려 한다. 어차피 시간은 중국공산당의 편이라 여기기 때문이다. 미국의 무역은 중국 의존도가 3할을 넘지만, 중국은 미국의 비중이 1할에도 미치지 못한다. 초조하고 조급하여 안달 난 쪽은 시한부 권력의 트럼프다. 결국 제네바 협상으로 조기에 타협을 이룸으로써 허장성세는 마무리되었다. 꼬리를 친 것도, 꼬리를 내린 것도 미국 쪽이었다. 반세기 전 일본을 홈그라운드로 호출하여 팔을 비틀어 내리쩍었던 플라자 합의의 우격다짐과는 전혀 다른 형세인 것이다.

리쇼어링(Reshoring), 해외로 빠져나간 제조업을 미국으로 되돌리는 과업 또한 여의치가 않다. 짧게는 중국이 WTO에 가입(2001)한 지 사반세기, 길게는 개혁개방(1979) 후 반세기 만에 글로벌 분업체제를 재편하는 일이다. 공교육이 붕괴한 미국에는 제조업에 투입될 숙련된 노동자도 찾기 힘들다. 그래서 트럼프 행정부의 큰 그림은 무인 제조업으로의 대전환일 것이다. 사람 없는 공장으로 미국의 경쟁력을 되찾으려고 할 것이다. 테슬라의 옵티머스 AI 로봇이 제품(Product)을 만들고, 팔란티어의 온톨로지와 파운드리와 AI 플랫폼(AIP)으로 경영(Process)을 하자는 것이다. 다만 민간 영역에서 무인 시스템으로의 재편에는 그만큼의 지난한 시간이 소요된다. 40년을 만회하기에는 임기 4년은 너무 짧다.

내부 개혁의 상징이었던 DOGE마저도 용두사미가 될지 모를 상황이다. 특수 공무원 신분으로 백악관 생활을 누렸던 일론 머스크는 DOGE의 수장 자리를 내려놓는다. 석 달간 부당하게 해고당한 연방정부 공무원들은 행정소송을 걸어 사법부를 통한 대대적인 반격에 나설 것이다. 한 지붕 두 가족, 내란 세력이 된 백악관과 기존의 연방기구 사이에 충돌이 불가피하다. 2026년 7월 4일, 건국 250주년 기념일은 '무엇이 진짜 미국인가'를 두고 미국 내부가 얼마나 분열되어 있는지를 생생하게 드러내는 현장이 되기 십상이다. 11월 중간선거에서 민주당이 입법부를 탈환하게 되면 자중지란은 더욱 격화할 것이다. 의회에서는 탄핵이 남발되고 정부는 계엄으로 되받아치면서, 서로가 서로를 내란 세력으로 지목하는 21세기 민주주의 국가들의 난장판이 재연될 가능성이 높다. 그 지지부진한 개혁과 지리멸렬한 정쟁 속에서 미국은 패권의 상실이라는 수순을 흐지부지 밟아갈 것이다.

현대사는 곧 미국사였다. 미국사가 즉 세계사였다. 구대륙에서 기원한 르네상스와 종교개혁, 산업혁명과 프랑스혁명을 최적화된 형태로 조합하여 산업문명의 표준국가를 완성한 것이 신대륙의 미합중국이었다. 정치적 민주주의와 경제적 자본주의와 문화적 자유주의로 글로벌 스탠더드를 입안한 신세계의 수장이었다. 대통령제라는 신통한 제도를 고안한 최초의 공화국이었으며, 유럽의 식민지 지배에서 벗어난 최초의 독립국이었고, 최고의 민주주의와 최상의 자본주의를 선보였던 최신의 나라였다. 특히 패권국가로 군림했던 20세기에는 인류 역사상 전례를 찾을 수 없을 만큼의 세계적인 영향력을 행사했다. 팍스 아메리카나(Pax Americana), 미국이 주조한 대한민국만 미국의 영향을 받은 것이 아니다. 여태껏 미국과 수교를 맺지 못하고 고슴도치형 핵무장 국가가 된 북조선 또한 미국이 주조한 것이라 해도 과언이 아닐 것이다. 유럽의 재건과 소련의 해체와 중국의 부상 등 20세기 후반의 세계질서 또한 메이드 인 아메리카였다고 할 수 있다. 목하 길게는 대항해 시대 이래 500년, 짧게는 제1차 세계대전 이후 100년의 세계사가 마무리되고 있는 것이다. 서세동점, 서구와 미국이 주도했던 서방의 헤게모니가 저물고 있다.

서쪽에서 역사는 직진한다. 최후의 심판이든 계몽의 변증법이든 역사는 종말과 종언을 향해 달려간다. 냉전기, 공산주의도 자유주의도 서로가 인류의 마지막 체제라며 끝장 다툼을 벌인 것이다. 반면 동쪽은 곡선이다. 구비구비 세상은 돌고 돈다. 해는 뜨고 지고, 달은 차면 기운다. 꽃은 피고 지고, 사계절은 순환한다. 밀물이 있으면 썰물도 있는 법이다. 제국도 흥망성쇠를 반복한다. 미국이 지고 중국이 뜨며, 서방이 기울고 동방이 차오른다. 이 자연스러운 음양과 태극의 이치 속에서 '미국 예외주의'란 작동하지 않는다. 진/한과 수/당과 명/청이 변천을 거듭한 것처럼 미국도 쇠하고 멸할 수 있는 것이다. 해가 지지 않는 나라 대영제국이 해체되어간 것처럼, 재정 적자와 무역 적자로 천문학적인 빚을 떠안고 있는 미국 또한 서서히 하강 국면에 들어갈 것이다. S&P도 무디스도 미국의 국가신용등급을 낮추어 평가하고 있다. 달러의 위세는 갈수록 줄어들 것이고, 위안화의 보급은 나날이 확산될 것이며, 가장 중요하게는 코인과 토큰으로 작동하는 가상의 디지털 경제권이 폭발적으로 성장해갈 것이다.

지상에서 미-중을 쌍포로 하는 신냉전이 전개될 가능성 또한 상대적으로 낮다. 자유-민주-공화국, 미국의 이데올로기와 시스템에 대한 신뢰가 예전만 못하기 때문이다. 미국의 우산 아래 혜택을 받아왔던 동맹국의 충성심 또한 점점 흐려질 것이다. 서방의 결속력부터 약화되는 것이다. 게다가 중국은 왕년의 소련과 달리 진영에 갇혀 있지도 않다. 전 세계 모든 나라의 시장과 모든 사람의 일상과 긴밀히 연결되어 있다. 2049년 신중국 100주년에는 중국이 G1이 되어 있을 것이며, 2076년 미국 건국 300주년에는 중국-인도를 잇는 G3로 미국은 만족해야 할 것이다. 미-중의 교체와 동-서의 재역전과 남(Global South)-북의 재균형이 이루어질 것이다.

하더라도 중국이 미국을 대신하는 압도적인 패권국이 될 가능성 역시 작다. 일극이 아니라 다극화될 것이다. 아편전쟁 이전의 세계, 18세기형 세계체제로 재편될 가능성이 가장 높다. 서쪽에는 오스만제국이, 남쪽에는 무굴제국이, 북쪽에는 러시아제국이, 동쪽에는 대청제국이 있었다. 다문명-다체제의 유라시아형 세계질서가 다극화 세계의 밑그림이 되어줄 것이다. 자연스레 지난 세기 패권국의 패러다임이었던 민주주의-자본주의-자유주의 또한 대체되지 않을 수 없다. 대반전은 세계사의 순리이고 천리라고 하겠다.

대분열: New Civil War?

미국도 이미 데모크라시가 아니라는 진단도 있다. 탈자유주의, 탈세속주의, 탈계몽주의의 끝에 탈민주주의를 논하는 것이다. 미국의 체제가 민주주의를 지나서 권위주의로 이행하고 있다는 것이다. 민주와 독재 사이, '아노크라시'(Anocracy)라는 개념으로 미국의 내전 가능성까지 탐구한다. 미국은 국가가 폭력을 독점하고 있는 나라가 아니다. 총기 소유의 자유가 허용됨으로써 민간도 무장하고 있다. 제도에 대한 불신과 체제에 대한 불만이 일거에 폭발하면 민병대와 무장 반란군이 속출할 수 있는 더할 나위 없이 좋은 조건을 갖추고 있는 것이다. 내분과 내란이 내전으로 치달을 수 있다.

정치적 무의식은 대중문화로 먼저 발현된다. 창작물도 쏟아지고 있다. 2022년 개봉한 영화 〈시빌 워〉(Civil War)는 캘리포니아와 텍사스를 주축으로 한 '서부군'과 나머지 열아홉 주가 뭉친 '플로리다 동맹'의 갈등을 그린다. 양편의 분리독립으로 내전이 벌어진 가상의 미국을 배경으로 삼는 것이다. 분열된 미국인의 상호불신을 나타내는 "당신은 어떠한 미국인인가?"(What Kind of an American Are You?) 대사가 연달아 등장한다. 같은 해 HBO에서 방영된 드라마 〈DMZ〉도 상징적이다. 이 작품 또한 제2의 남북전쟁이 발발한 미국의 미래를 소재로 삼는다. 비무장 중립지대 DMZ가 설정된 구역은 올드 아메리카의 상징이었던 뉴욕의 맨해튼이다. 냉전기 남/북한과 동/서독이 경험했던 베를린과 판문점의 비극을 21세기의 미국이 변주하게 된다는 설정이 꽤나 흥미롭다.

〈시빌 워〉에서 내전을 격발시킨 사건은 대통령의 위헌적인 3선 도전이다. 이미 트럼프는 심심찮게 세 번째 임기에 대한 말을 흘리고 있다. 첫 번째 임기의 책사였던 스티븐 배넌도 공공연히 3연임을 옹호하며 선전선동에 나서고 있다. 푸틴처럼, 시진핑처럼 장기 집권을 도모하여 MAGA의 미션을 완수하겠다는 의지의 피력이다. 미국조차도 아노크라시에 이어 오토크라시(Autocracy, 권위주의)로 완전히 이행할 수도 있는 것이다. 〈시빌 워〉에서 캘리포니아와 텍사스가 연합한 '서부군'은 리버럴 성향의 민주주의 진영으로 묘사되었다. 오토크라시와 데모크라시의 대결로 미국의 분단을 설정한 것인데, 다소간 리얼리티가 떨어지는 지점이다. 캘리포니아는 민주당의 아성이고, 텍사스는 공화당의 텃밭이다. 혹여나 트럼프의 3선 개헌과 디지털 유신체제가 발동된다면, GDP 규모로 세계 네 번째 국가 수준에 해당하는 캘리포니아부터 분리독립의 기운이 폭발하고 말 것이다. 반면 텍사스는 뉴-아메리카에 적응할 가능성이 더욱 크다. 아니, 기술파와 전통파가 연합하는 뉴-아메리카의 본산이 될 수도 있다. 천도(遷都)의 상상력을 지피는 것이다. 워싱턴 D.C.에서 텍사스의 오스틴으로 수도를 이전한다 해도 놀랍지 않을 일이다. 혹은 백악관을 국민의 품으로 돌려준다면서 플로리다의 별장을 대통령실로 개조할 수도 있다. 여하튼 2028년이 중차대한 분수령이 될 것임에는 틀림이 없다. '트럼프 어게인' 운동이 일어나면 공화당은 물론이요 공화국 자체의 근간을 근저에서 뒤흔들 것이기 때문이다. 어쩌면 그 이전에 트럼프가 탄핵이나 암살 등 두 번째 임기를 온전히 수행하지 못함으로써 내란의 시기가 더 앞당겨질 수도 있다.

SF소설 《원더풀 랜드》도 2036년 두 나라로 분단된 미국을 설정한다. 양쪽 진영이 끝내 타협점을 찾지 못하고 대대적인 인구 이동을 통하여 자신들이 지지하는 나라로 삶의 터전을 옮긴다는 것이다. 한쪽은 진보적인 가치를 추구하는 연방공화국이고, 다른 쪽은 청교도적인 가치를 옹호하는 공화국연맹이다. 분단체제 아래 서로에 대한 적대감은 줄지 않았으니, 비무장 중립지대에서 펼쳐지는 첩보전을 그리고 있다. 하지만 연방공화국도 공화국연맹도 자유-민주-공화정을 자랑했던 20세기의 그 미합중국은 아니다. 연방공화국은 '기술공화국'이다. 테크놀로지로 경영되는 수학적

디스토피아다. 공화국연맹은 '신정국가'다. 성경을 근간으로 다스리는 신학적 디스토피아다. 전자는 테크노-차이나를 능가하는 완벽한 감시사회를 이루었고, 후자는 중세식 종교재판과 마녀사냥이 빈발한다. 테크노크라시와 테오크라시가 데모크라시를 찢어버린 것이다. 공히 탈자유주의, 탈세속주의, 탈계몽주의, 탈민주주의의 미래를 부정적으로 전망하고 있다.

    세 작품 모두 두 동강이 난 미국을 다룬다. 아마도 제1차 내전이었던 남북전쟁의 상상력에 기대어 있기 때문일 것이다. 나로서는 양분보다는 삼분될 가능성이 더욱 높아 보인다. 마치 대영제국이 해체되면서 남아시아에 인도와 파키스탄이 생겼다가, 다시 서파키스탄과 동파키스탄(방글라데시)으로 삼파된 것에 빗댈 수 있을 것이다. 북아메리카에도 민주당과 공화당이 아니라 계몽파와 전통파, 기술파로 대분할될 수 있다. 우선 현재의 연방제 미국을 사수하는 페더럴리스트(Federalist) 진영이 있을 것이다. 이들은 법학에 기초하여 헌법으로 경영되는 리버럴 벨트를 형성할 것이다. 다른 쪽에는 디지털리스트(Digitalist)들이 총집결할 것이다. 이들은 수학에 근간하여 코드로 경영하는 실리콘 벨트를 이룰 것이다. 또 다른 쪽에는 전통을 수호하는 트래디셔널리스트(Traditionalist)들이 결집할 것이다. 이들은 신학에 바탕하여 성경의 말씀으로 다스리는 바이블 벨트를 만들 것이다. 백화제방과 백가쟁명, 세 세력의 조합에 따라 다양한 체제가 등장할 수도 있다. 캘리포니아는 페더럴리스트와 디지털리스트가 연합하는 리버럴-실리콘 벨트가 될 수 있다. 텍사스는 트래디셔널리스트와 디지털리스트가 협동하는 테크노-시올로지 벨트가 될 수 있다. 전통파와 계몽파는 좀처럼 합의에 이르기 어려울 것이다. 더 이상 세속주의와 자유주의 하에서의 진보와 보수의 타협이 아니기 때문이다. 이성과 영성이 다투는 영혼의 전쟁이다.

즉 미국판 춘추전국시대가 열릴 수도 있다. 100년 전 중국에서 국공내전이 치열하게 전개되는 와중에도 북경과 남경이 있는 동부에서 멀찍한 서남부의 광동성, 사천성, 운남성 등에서는 분리독립운동이 드세게 전개되었다. 국민당과 공산당이 추진하는 '하나의 중국'이 아니라 광동국, 사천국, 운남국을 도모하는 군벌이 난립했던 것이다. 미국에서도 공화당과 민주당처럼 전국을 통솔했던 대일통의 통제력이 약화되면 각 주마다 지역의 맹주들이 각개 약진할 수도 있는 것이다. 인종, 종교, 기술 등 다양한 조합으로 구성된 지역 정당이 발호할 수 있다. 사례가 없지도 않다 소련은 해체되고 15개의 독립국으로 분리되었다. 러시아, 우크라이나, 벨라루스, 몰도바, 아르메니아, 아제르바이잔, 카자흐스탄, 투르크메니스탄, 우즈베키스탄, 타지키스탄, 키르기스스탄, 라트비아, 리투아니아, 에스토니아, 조지아다. 유고는 해체 후 7개의 독립국가로 분리되었다.

슬로베니아, 크로아티아, 보스니아, 몬테네그로, 북마케도니아, 세르비아, 코소보다. 포스트-공산주의, 1991년 불과 30년 전에 일어난 일이다. 포스트-자유주의, 30년 후에 북미에서 5호 16국 시대가 열리지 말라는 법도 없다 하겠다. 오늘날 남미에는 12개의 나라가 있지 않은가. 22세기의 역사가들은 미국의 테크노 쿠데타를 중국의 개혁개방보다는 소련의 페레스트로이카에 빗대게 될 것이다.

대부흥: New Holy War?

그런데 변수가 생겼다. 주변 변수가 아니라 핵심 변수다. 게임 체인저, 미국인 교황이 나셨다. 미국 출신의 최초의 교황이다. 전임자는 남미의 아르헨티나 출신이었다. 후임자는 북미에서 태어나 남미의 페루에서 오래 사역하셨으니, 남북아메리카를 모두 품는 첫 번째 교황이기도 하다. 유럽에서 아메리카로, 구대륙에서 신대륙으로, 가톨릭의 무게추가 완연하게 옮겨간 것이다. 제267대 교황이 시카고 출신의 미국인이 됨으로써 저 250년짜리 어린 나라에도 유구한 감각을 장착할 수 있게 되었다. 고작 제47대 대통령과는 무게감이 다르다. 예수 그리스도의 승천 이후 초대 교황으로 선출된 사도 베드로 이래 2000년이나 지속된 영혼의 역사 속에 자국을 자리매김할 수 있는 상징적인 인물을 확보하게 된 것이다. 교황권에 반기를 들었던 프로테스탄트, 그 신교도가 신대륙으로 이주하여 만든 신생국가의 향방에 중차대한 영향을 미치지 않을 수 없다. 1978년 폴란드 출신의 요한 바오로 2세가 즉위함으로써 동구권의 탈공산주의를 앞당겼던 바다. 2025년 미국 출신의 교황이 등장함으로써 서구권의 탈자유주의에도 한층 가속도가 붙을 것이다.

징조가 아예 없지는 않았다. 프란치스코 교황이 선종 직전 만난 마지막 인물이 하필이면 밴스 부통령이었다는 점부터가 예사롭지 않았다. 장례식장에는 트럼프 대통령이 직접 행차했다. 영부인 멜라니아 여사 또한 독실한 가톨릭 신자다. 교황으로 분장한 트럼프의 AI 이미지가 백악관 공식 X 계정에 게재되는 해프닝도 있었다. 혹여나 워싱턴이 교황 선출에 개입하는 것 아니냐는 카더라 통신도 분분했다. 나 또한 부랴부랴 미국인 추기경들을 살펴보았고, 신전통주의 냇콘 세력과 죽이 맞을 듯한 분들의 면면을 훑어보기도 하였다. 새삼스레 이탈리아(51명) 다음으로 추기경이 많은 나라가 미국(17명)이라는 점도 확인하게 되었다. 그러나 정직 열쇠로 굳게 문을 걸어 잠근 콘클라베의 결과는 세속의 예상과는 한참이나 어긋났다. 전혀 고려하지 못했던 뜻밖의 인물을 영성의 최고 지도자로 선출한 것이다.

콘클라베의 선거는 속세의 민주주의와도 다르다. 지구촌 14억 가톨릭 신도가 1인 1표를 행사하는 것이 아니다. 부제와 사제, 주교와 대주교 등 층층이 위계가 뚜렷한 계서제 조직이다. 감히 아무나 투표하지 못한다. 오로지 최고위 133명의 추기경만이 교황을 선출할 수 있는 권리를 누린다. 그래도 어느 누구 하나 토를 달지 않는다. 그만큼 권위를 확보하고 있기 때문이다. 추기경들이 자신의 이해관계를 반영하여 투표하는 것도 아니다. '죽은 자의 민주주의'가 작동한다. 십자가에 못 박힌 예수님의 희생 이래 무수한 헌신이 2000년 가까이 지속되었다. 그 영혼의 영속성에 입각하여 근원을 대변하고 영원을 대의하는 투표를 하는 것이다. 즉 주권자라 함은 개개인 단독자가 아니다. 역사의 계승자이자 전통의 후계자다. 현재를 배타적으로 점유하고 외부효과를 후세에 떠넘기는 유권자가 아니라, 과거를 반영하고 미래를 투영하는 연결자이자 매개자로서 기표하는 것이다.

 단순 다수결제도 아니다. 결선투표제, 51% 과반도 충분치가 않다. 3분의 2 이상이 동의할 때까지 여러 차례 투표를 거친다. 다수결(특수의지)과 만장일치(전체의지) 사이 합의에 기초한 일반의지를 추출하는 것이다. 선거의 형태가 얼마든지 다양할 수 있음을 보여주는 것이다. 외람되게도, 콘클라베의 교황 추대 방식은 '민주집중제'로 작동하는 중국공산당의 주석 선출에 더 가깝다고도 할 수 있다. 그러함에도 혹은 그러하기에 추기경들의 따뜻한 축하 속에서, 평신도의 기쁨에 찬 축복 속에서 5월 8일, 새로운 미국인 교황이 탄생하였다.

바티칸은 세속국가와 거버넌스도 다르다. 임기제를 통해 권력을 제한하지 않는다. 일단 교황으로 선출되고 나면 종신제의 무한권력을 누린다. 그래야 일을 제대로 추진할 수 있다. 권위는 물론이요 권한까지 부여하는 것이다. 4~5년 임시직 아래 세월아 네월아 사보타주 하면서 복지부동하는 세력을 원천적으로 봉쇄한다. 게다가 '젊은 교황'이다. 1955년생, 69세에 교황이 되었다. 21세기에 선출된 전임 교황들(베네딕토 16세 78세, 프란치스코 76세)에 비해 일찍 임기를 시작한 것이다. 평균 수명을 고려해보자면 앞으로 사반세기를 지도할지도 모른다. 2050년까지 세속국가 미국의 대통령은 서너 명 바뀌어갈 것이다. 반면으로 바티칸의 수장은 지속될 것이다. 장차 가장 유명한 미국인이 워싱턴의 대통령이 아니라 바티칸의 교황이 될 가능성이 무척이나 높은 것이다. 캡틴 아메리카, 미국 사람의 상징이 세속의 권력자가 아니라 영성의 지도자가 되는 것이다. 과연 저 신대륙 미국에서마저도, 성과 속이 대빈진하는 것이다. 꿈틀꿈틀 뉴-아메리카가 태동한다.

실로 바티칸의 정점에 미국인 교황이 자리함으로써 워싱턴의 정치에도 적지 않은 영향을 미칠 것이다. 공화당과 민주당으로 상징되는 세속의 정당에 제3의 세력으로 천당을 대변하는 성당이 등장하는 것이다. 양당 당수들의 정파적 발언을 성당 수장의 발언과 비교하게 될 것이다. 신임 교황은 X와 인스타그램 계정을 만들며 SNS 활동도 활발히 전개할 것임을 예고했다. 과연 팔로어 수도 폭증하고 있다. 메신저를 통해 메시아의 메시지를 전파하는 것이다. 노래 실력도 일품이다. 이제 교황님과 더불어 실시간으로 그레고리안 찬송가를 전 세계 수억 명이 함께 부를 수 있는 시대가 된 것이다. 디지털 테크놀로지는 버추얼 바티칸의 미사에 전 세계 만백성이 동시에 참여할 수 있는 다중 온라인 롤플레잉의 경험을 가능하게 해줄 것이다. 5월 18일 성 베드로 광장에서 열린 교황의 즉위식부터 실시간으로 생중계되면서 기술의 진화에 따른 제2의 종교개혁, 디지털 물질개벽이 촉발하는 새로운 영성의 개벽을 예감케 한 것이다.

비로소 미국의 정치에 진정한 '야당'이 생겼다. 왼쪽이나 오른쪽이 아니라 더 깊은 것, 더 높은 곳, 더 오래된 일을 대의하는 세력이 생기는 것이다. 정파적 편견의 도파민에 찌들어 있는 온라인 공론장을 순화하고 정화하는 것이다. 적폐 청산과 정치의 사법화, 증오와 혐오로 점철되어 서로를 제거하고자 하는 전쟁 같은 정쟁을 일삼는 현대의 민주주의에 이웃을 사랑하라, 원수도 사랑하라, 사랑의 정치학을 베푸는 것이다. 프레지던트(President)와 포프(POPE) 사이에 견제와 균형이 이루어질 것이다. 파파(PAPA), 아버지로서의 존경과 존엄을 누리는 편은 포프일 가능성이 한층 높다.

이미 미국 인구의 4분의 1이 가톨릭이다. 약 7천만 명의 미국 시민이 교황을 영적 리더로 섬긴다. 트럼프 정권의 내각에서도 마르코 루비오 국무장관을 비롯해 다섯 명이 가톨릭 신자다. 대법원에서는 9명의 대법관 가운데 6명이 가톨릭이다. 사법부 최고기관의 3분의 2를 차지하고 있는 것이다. 신임 교황이 추기경 시절 SNS를 통해 부통령 밴스의 이민정책 발언을 비판했다는 사실이 밝혀졌다. 벌써부터 바티칸이 워싱턴을 견제하기 시작한 것이다. 부활절에 바티칸을 방문했던 밴스는 다시금 신임 교황의 취임 미사에 맞춤하여 또 한번 성소를 찾아갔다. 정당과 성당 사이, 권위의 분점과 권력의 균형이 재가동되고 있다. 탈세속화와 재영성화, 성속 합작과 고금 합작, 유라시아의 21세기가 노정했던 새정치의 풍경이 마침내 미국에서도 연출되는 것이다. 거룩하고 성스러운 도덕적인 리더십이 재차 부상하고 각광받는 것이다.

이 메마른 시대에 신임 미국인 교황은 타는 목마름으로 세속에의 개입 의지를 분명히 하셨다. 새 교황의 새 이름으로 '레오'를 택하신 것이다. 레오는 '사자'라는 뜻이니, 강인함과 용맹스러움을 상징한다. 자연스레 두 명의 레오 교황이 떠오른다. 첫 번째 교황 레오 1세(400~461)는 교황 중의 교황, '대(大)교황'이었다. 북방 훈족 아틸라 왕의 진격에 맞서 십자가를 높이 들고 담판을 지음으로써 서로마제국과 기독교 문명권을 사수한 수호신 역할을 하였다. 두 번째 교황 레오 13세(1810~1903)는 19세기 말 25년을 재위하면서, 산업문명이 본격화되던 시대에 맞춤하여 노동권과 사회정의를 강조한 '새로운 사태'(Rerum Novarum) 회칙을 반포한 것으로 유명하다. 자본주의와 공산주의 사이, 사회주의와 자유주의 사이, 진보와 보수 사이에서 가톨릭 복음의 사회적 진화를 추구한 것이다. 좌우파 계몽령의 독주를 계명과 계시로써 치유하고자 하였다. 이데올로기의 불꽃보다는 빛의 섭리에 헌신하자고 역설하였다.

내가 레오 13세의 '새로운 사태' 회칙을 처음 알게 된 것은 밴스의 연설을 통해서였다. 밴스가 냇콘 콘퍼런스의 연설에서 오늘날의 미국 자본주의를 비판하며 레오 13세를 즐겨 인용한 것이다. 게다가 밴스의 세례명이 '아우구스티누스'인바, 아우구스티누스 수도회 출신의 첫 번째 교황이 바로 신임 교황이신 레오 14세다. 하느님의 도성,《신국론》을 탐구하며 아우구스티누스의 신학적 깊이를 확보하고 계신다. 혹여나 밴스가 차기 대통령이 된다면 그야말로 14세기 70년간의 아비뇽 유수(幽囚) 이래 처음으로 성과 속의 위상이 재정렬될지도 모를 일이다.

나아가 레오 14세는 학부 시절 수학을 전공했다. 교회법 박사인 동시에 수학도 수학하신 것이다. 교회법으로 의회가 만드는 세속의 법률을 곁눈으로 살펴볼 뿐만이 아니라, 수학과 신학도 쌍수

겸장하였다. 테크놀로지와 시올로지 사이에 다리를 놓을 적임자가 등장한 것이다. 과연 AI에 대한 관심도 무척이나 크다고 알려져 있다. 디지털 문명과 AI 시대, 인간의 길과 교회의 역할을 제시하는 새로운 회칙의 반포를 예감케 하는 것이다. '보편적 기본자산'(UBC, Universal Basic Captial)에 대한 논의가 이미 시작되었다고 한다.

콘클라베가 진행되는 시스티나 예배당에 가본 적이 있다. 2017년 바티칸을 견문했을 때다. 미켈란젤로가 그렸다는 그 유명한 천장화를 직접 두 눈에 담을 수 있었다. 고개를 뒤로 한참이나 젖히고 저 높은 곳에 그려진 그림을 보고 있노라면 절로 탄성이 흘러나온다. 더 낮은 자세로 무릎 꿇고 기도하고 싶은 마음이 저절로 일어난다. 거룩하다. 장엄하다. 정치적 올바름을 다투는 속세의 국회의사당과는 차원을 달리한다. 올바름과 성스러움과 아름다움이 어우러져 진선미의 극치를 선사하는 것이다.

시스티나의 천장화는 인간과 신의 관계를 이야기한다. 창세기의 천지창조부터 요한묵시록의 최후의 심판까지 성서적 세계관을 가상 공간에 구현해둔 것이다. 그중에서도 특히 〈아담의 창조〉가 유명하다. 훗날 수많은 패러디가 등장할 정도로 상징적인 이미지가 되었다. 〈아담의 창조〉가 그려진 후 500년이 지나, 이제는 신의 피조물이었던 인간이 창조주를 따라 배워서 새로운 피조물을, 피지컬

AI를 만들어내고 있다. 인공두뇌인 AI에 인공신체인 로봇을 결합하여 휴머노이드에 전기와 생기와 활기와 총기를 불어넣고 있는 것이다. 선천 5만 년 동안 인간이 그림으로, 문자로, 음성으로, 영상으로 남긴 모든 자료를 빅데이터로 변환하여 딥러닝시키고 있다.

미켈란젤로가 천장화를 그린 것도 당시의 교황 율리우스 2세의 명령에 따른 것이었다. AI에 지대한 관심을 두고 있는 수학자 출신 레오 14세 또한 새로운 시대에 부응하는 새로운 걸작을 만들고자 할지도 모른다. 이번에는 천장화가 아니라 메타버스 게임이 되지 않을까? 인류가 창출한 모든 예술 장르와 최신의 기술이 온라인 게임으로 합류하고 있다. 게임을 다시 위대하고 성스럽게, 신학적 세계관으로 롤플레잉 게임을 만드는 것이다. VR(가상현실)과 AR(증강현실), XR(확장현실)로써 성스러운 가상 공간을 창조하는 것이다. 지상의 천국을 가상의 천국으로 업로드하는 것이다.

나아가 이제는 한 손에는 십자가를 들고, 다른 한 손에는 X를 쥐면서 하늘 위로 올라갈 수 있는 시대가 되었다. 스페이스X와 스타링크를 통하여 우주를 탐험하고 개척하는 시대로 이행하고 있는 것이다. 저 하늘 위 새 별에서, 새 하늘과 새 땅을, 신천지를 창조할 수가 있다. 별세계가 신세계가 된다. 별천지를 창조하는 제2의 창세기를 구현할 수 있다. 제2의 기계시대와 제2의 종교개혁이 만나 제2의 중세를, 신중세를 우주적으로 발현하는 것이다. 하느님의 형상으로 만든 아담과 이브가 드디어 하느님의 거룩한 일까지 할 수 있게 된 것이다. 그 천지창조의 소명을 이제 인류가 AI와 더불어 우주에서 수행하는 것이다. 이토록 찬란하게 아름다운 지구를, 에덴의 동산과 가이아의 정원과 생명의 문명을, 팽창하는 우주의 저 구석구석까지 널리 멀리 깊이 흩뿌리는 것이다. 선천에서는 시천주(侍天主), 지구에서 하늘을 모시기만 했지만, 후천에서는 양천주(養天主), 엔지니어링과 프로그래밍으로 우주에서 하늘을 기르는 것이다.

즉 뉴-아메리카, 후기 미국은 지상에만 머물지 않는다. 지상에 그친다면 강대국의 흥망성쇠, 누천년의 논리대로 패권은 '지속의 제국' 중국으로 전이될 것이다. 그러나 역사의 중력에서 벗어나는 퀀텀 점프와 코페르니쿠스적 전환으로 패러다임을 바꿀 수 있다. 가상과 천상으로 무대를 옮겨 신천지의 개벽국가로 승화함으로써 헤게모니를 지속하는 것이다. 지상과 가상과 천상을 연결하는 삼체 문명을 앞장서 구현하는 것이다. 하느님과 인간과 AI가, 천주와 천자와 천손이 공진화하는, 시올로지와 에콜로지아 테그놀로지의 삼위일체를 코스몰로지(Cosmology) 안에서 일구는 것이다.

그리하면 뉴-아메리카는 뉴-코스모스 시대를 선도하는 프런티어 국가로 앞날이 창창할 것이다. 지구 안에서의 생명력과 생산력의 모순을 우주 안에서 생성력으로 풀어내는 것이다. 자연의 생명력과 인간의 생산력과 인공의 생성력이 원원하는 삼력분립 제도를 고안하는 것이다. 물론 그 성공의 가능성은 극히 작아 보이지만, 그럼에도 기대를 걸어볼 만하다. 피터 틸도, 일론 머스크도, 알렉스 카프도, J.D. 밴스도 1%, 아니 0.1%의 확률을 딛고 일어나 놀라운 성취를 거둔 사람들이기 때문이다. 불가능에 도전하여 가능으로 바꾸어낸 입지전적인 인물들이다. 아니, 미국이라는 국가부터가 고작 13개 주의 식민지에서 시작하여 20세기의 패권국에 이르기까지 혁신에 혁신을 거듭했던 나라다.

대통령제라는 신통한 거버넌스를 헌법으로 설계해내었을 때 미국은 진정 위대했다. 게티즈버그 연설을 통하여 남북으로 분단될 뻔한 미국을 다시 통합해내었을 때 미국은 정녕 위대했다. 맨해튼 프로젝트를 성공시켜 제2차 세계대전에서 승리했을 때 미국은 재차 위대할 수 있었다. NASA를 통하여 세계 최초로 달에 인류를 보냈을 때 미국은 진실로 위대한 나라였다. 그 네 번의 위대함을 통하여 미국은 인류에게 등불이 되어주었다. 혹여 저 4인방이 미국을 다시 위대하게, 다섯 번째 위대함을 구현하게 된다면 저들은 미국사나 지구사 차원이 아니라 우주사 차원에서 위대한 흔적을 남기게 될 것이다. 우주생명문명의 선구자들이 될 것이기 때문이다. 이러한 미래를 선도적으로 창조해낸다면 후기 미국은 23세기에도 여전히 '아름다운 나라'(美國)로 성성할 것이다.

뉴-코리아와 뉴-시베리아

다시 6 : 3 : 1이다. 현실 세계의 미국은 지지부진을 면치 못할 것 같다. 강대국 중의 하나로, 평범한 국가로 지리멸렬해질 가능성이 가장 크다. 또는 하강과 쇠락에 적응하지 못하고 사분오열 쪼개져서 북미 대륙에 여러 나라가 생길 가능성 또한 없지만은 않다. 그리고 열에 하나, 신학으로 남북아메리카와 서유럽까지 대서양을 크게 아우르고, 수학으로 은하수 건너 우주로 진출하는 개벽천지의 첨단국가가 될지도 모른다. 다만 한 가지 분명한 것은, 그 어느 쪽도 그간 우리가 알아왔고 열심히 배워왔던 20세기의 그 자유-민주-공화정의 표준국가로서 미합중국은 아닐 것이라는 점이다. 미국을 산업문명의 표본으로 삼아 산업화도 일으키고, 민주화도 이룩하고, 세계화도 이루어서 선진국 "K"의 반열에 오른 대한민국으로서도 곤혹스러운 상황이다. 이제는 더 이상 보고 배울 나라가 없다. 북극성을 상실한 것이다. 새로운 세계감이 절실하고, 새로운 세계관이 절박하며, 새로운 세계상이 절절하다.

무엇을 할 것인가? 사실은 올해 정말로 쓰고 싶었던 주제는 이것이었다. 광복 80주년, 빛을 되찾은 지도 80년이나 흘렀다. 이제는 어디로 가야 할까? 미국도 중국도 아닌, 소중화도 리틀 아메리카도 아닌, 동양도 아니고 서양도 아니며, 유교도 아니고 기독교도 아니며, 천하도 아니고 천주도 아닌, 진정 대한민국의 새 하늘과 새 땅을 나는 북쪽에서, 북녘에서, 북극에서 찾아가고 있다. 실은 이 책은 그 새 책을 쓰기 위한 기나긴 프롤로그에 해당한다. 그간 미운 정 고운 정 온갖 애증이 다 쌓였던 아메리카에 시원섭섭한 작별 인사를 고하는 것이다. 이제야말로 미국으로부터 졸업을 하고 독립할 때가 되었다. 이제부터가 진짜 대한민국이다. Make Korea Great Again. 우리도 한때 위대하고 찬란했던 시절이 있었다. 그 오래된 새 길을 찾아서 북방으로 향하는 것이다. 지구와 우주 사이, 지상의 마지막 프런티어로 시베리아가 활짝 열리고 있다. 사시사철이 생겨나며 천지가 개벽하고 있는 땅, 뉴-시베리아를 견문한다.